出口汪のマンガでわかるすごい！記憶術

本当に頭がよくなる一生モノの勉強法

［著］出口汪
［作画］ひなた水色
［シナリオ制作］新田哲嗣

SB Creative

はじめに

人は一生勉強し続けます。

ましてや、先行き不透明な、新しい変革の時代を迎えた今、勉強し続ける人とそうではない人とでは全く異なる人生を送ることになる、と言っても過言ではありません。

それなのに、世間一般に信じられている「詰め込み式」の暗記型勉強法にしがみついている人たちがなんと多いことでしょう。これほど世の中が新しくなったのに、大抵の人は、学生時代に身につけたこの勉強法になんの疑問もなく固執したままです。でも、そのまま社会に出ると、「お客様に上手く応対できない」など、どんな職種に就く上でも困った状況に陥ってしまいます。

勉強法の中核にあるのが「記憶術」です。今や脳科学が発達し、記憶における脳の働きがかなりのところまで明らかになってきました。科学的に間違った記憶の仕方をしていた場合は、生涯効率の悪い勉強の仕方をし続けることになるのです。

では、どうすれば「覚えたのにすぐ忘れる」という悩みが解決するのでしょうか。

本書は脳科学に基づく最新の、科学的記憶術を提案すると同時に、「記憶」を定着させるのに不可欠な「論理力」とは何かを、マンガでわかりやすく紹介したものです。真の勉強法は、最新脳科学に基づいた「記憶術」と強靭な「論理力」の双方があって初めて最高のパフォーマンスを発揮するからです。

本書によって本当の勉強法を習得したみなさんは、生涯にわたって人に差をつけることができます。本書の主人公・ヒナタちゃんのように、資格試験、昇進試験に合格し、ビジネススキルを身につけ、高い教養を得ることも十分可能になるでしょう。


本書の最大の特徴は、一見したところは難解に見える「記憶術」と「論理力」を、思わず引き込まれてしまうようなわかりやすくておもしろいマンガで表現した点です。マンガ単体でも存分にたのしめること請け合いです。

私の分身も、マンガの中で入口貴として登場し、主人公のヒナタちゃんを応援しています。読者のみなさんの人生が少しでも充実したものとなるように、と。

本書はまさに楽しく学ぶ一冊となりました。

マンガの作者に感謝です。

２０１７年１月

出口　汪

目次

1章

あなたはなぜ忘れてしまうのか？

2章 論理力を使えば記憶力はグンと高まる

3章 頭がよくなる！ 出口式記憶術

登場人物紹介

羽野ヒナタ

本作の主人公。転職後、生命保険会社の外交員として 2年目を迎える。あねご肌で、小さなことは気にしないが、意外と小心なところもある複雑な乙女。まだ 26歳ながら、物覚えが悪くなったのを年齢のせいにしてごまかそうとしていたが…。

入口 貴

巷で話題のビジネス書『最強の記憶術』の著者。縁あってヒナタの相談に乗るようになり、記憶術を伝授しようとする。大人びた紳士だが、ときおり見せる無邪気な一面をヒナタに見透かされ、イジられる存在になり…。

上条ユキヤ

予備校時代に入口に師事し、バーテンダーを経て生命保険会社に入社。ヒナタの後輩になる。入口に教わった記憶術をフルに生かし、またたく間に支社トップの成績を収めるようになる。仕事でもプライベートでも、ヒナタに近づいたその理由とは…。

石橋純一郎

ヒナタの上司であり、生命保険会社の支店長。仕事に誠実なことで知られ、感情に流されない大人の応対で周囲の信用を得ている。部下であるヒナタの成長を願うのは、石橋が若かったころに起きた、ある出来事が原因だったが…。

ユイ

ヒナタと同い年で何でも相談しあえる仲良しのいとこ。ヒナタに祖母の秘密を打ち明け、転機を迎えるきっかけをつくる。実は、『最強の記憶術』に深く関係しているとのうわさも。

ヒナタの祖母

ヒナタが子供のころから大好きだった、あこがれの存在。故人。生前、ヒナタの人生を変えることになる重要な人物に「大切な家族をいつまでも守りたい」と願いを託す。

プロローグ

記憶術のよくある誤解

Story 0
2年目の憂鬱
この頃 小さかった頃 のことを よく夢に見る
おばあちゃんが まだ生きてた頃…
おばあちゃんの 好きなお花 あったよ
これ なあに？
これはね タンポポだよ
おややや ヒナタちゃん
おじちゃん だあれ？
おじちゃんか アハハ
おじちゃん だなんて！ おばあちゃんの お友達だよ

かわいいお孫さんのためなればこそですね
本当にお世話になりまして
この子たちのためにもどうぞよろしくお願いします
おはよっおばあちゃん!

今日も頑張ってくるね！
羽野ヒナタ（26）
行ってきまーす！
ヒナタァッ
携帯と財布と社員証置いたままよ！
はっ
!?
空。
ぎょえええええっ
うちの一族の女はみんなそそっかしいんだから…
お前もな…

東京パートナーライフ生命保険株式会社 杉並支社 営業部
おっはよーう ございます！
どんっ
おはよー、ヒナタ また寝グセ ついてるよ
ぴょん
こ、これは おしゃれよ
成績表
あちゃー…
西本
高峰
鈴木
村野
羽野
山田
おはよう 羽野くん
支店長 おはよう ございます
じっ…

……私の顔に何かついてるか？
あ いえ…
うーん やっぱり気のせいか…
まあいい もうすぐ新人もやってくるからな
保険業界は2年目からが大変だ 君にとっても正念場だぞ
もっと頑張らないと追い抜かれてしまうぞ
うっ
わ、わかってます…！ 先輩としてビシッとキメますから！
そうなんだよなあ…
FUZITOO
保険業界は2年目からが大変なんだ…

1年前――
よく決心してくれたね
君の営業力がうちで活かされるのは嬉しいよ
まさか不動産の営業をしてて
お客さんからスカウトされるとは思いませんでした
なかなかいいマンションでね
家族も喜んでるよ
不動産って家族に残してあげられる大きなものですからね
前の仕事に未練はないのかい？
はい
私、いつかは保険の仕事をやるつもりでしたから

私の祖母は生前生命保険に入っていたんです
両親はいつも言っていました
「おばあちゃんが亡くなる前からコツコツ生命保険をかけてくれてそれが私たちの生活を支えてくれた！
それにどれだけ助けられたかわからない！」って！
……
ふっ

保険にはもしものときに人を守る力がある
ぐっ
私はこの力をもっと多くの人に広めたいんです
だからここで学びたい！いろんなことを覚えたいんです！

成績表
ラ～ん…
……と 1年前は キラキラ してたのに……！
お、そうだ
鈴木
村野
羽野
山田
きゃっ
!?
ちょ、どういう えっ？ 彼女が……？
!?
昨日頑張って 4件も 契約取ったそう だからな
ぎょえっ
山田
まったく…… もっと勉強しないと 成績も上がらないぞ
努力する者が 最後に笑うんだ
ひへほほほ…
先に笑っても 意味ない だろう……
はい…
このままじゃ 大事な人どころか 自分の生活さえ守れなさそう……

羽野くん
昨年の君はここまで
成績が悪くなかった
なぜ成績が下がって
いくばかりなのか
考えたことはあるか？
ありません
余裕がなくて…
余裕が
ない？
焦れば焦るほど
時間がなくなって
しまって……
いろいろ
勉強しなきゃとは
思うんですけど…
あっ
家に帰ったら
バタンキューで
ぼすっ
朝は朝で
寝グセを直す
ヒマもない……
・・・・・
さっ
それに私
病気かも
しれないんです
どこか
悪いのか…？

頭が…
悪いんです
は？
これでも
学生の頃は
もっと物覚えが
よかったんです
よ！
失われし記憶…
それが最近じゃ
お客様の情報を
違う人の情報と
間違えるし
ぶわっ
商品についても
記憶違いで
叱られたりして……
…それは単に
うろ覚えのまま
だからじゃ…
あっ
もしかして
年のせい
かも！
もうボケが
始まってる
んだわ私！
ううっ
……ボケはボケでも
それは天然ボケと
いうんだ……

その調子じゃ配属当初の研修のこともちゃんと覚えてないだろう
ひぇーっ
ああ……確か石橋先生が木刀持って地べたに……
覚えてないな
支店長どうしたらいいでしょうか？
まったく……2年目からは歩合率が高まっていくのはわかってるだろう
3年目、4年目とだんだん基本給は少なくなる
それが保険業界というものだ
そんな調子じゃ新人の教育どころかそのうち食べていけなくなるぞ
ぎょえええぇっ
ヒナタ
羽野くん冗談ではなく
私は不動産の営業時代の君にとてつもない可能性を感じた

保険会社でやっていけばMDRT入りだって夢じゃない！
そう思った
MDRT
そうとも
全世界の保険外交員の中でわずか４％の上位売り上げ成績者だけが入れる
いわば保険外交員の最上層社交界…
そこに入るのが新たな君の夢だっただろう？
4%
ＭＤＲＴ…
…今の私には夢のまた夢ですよ…
そんなことはない
君は接客の技術はきちんとしている
ただその技術をカバーする何かが足りないんだ
その何かって……

今日の夜
時間は空いているか？
飲みにでも行こう
とんっ
それまで
自分なりに
考えてみなさい
支店長……
うるっ
大丈夫だ
答えは
必ず見つかる
私を
信じなさい
ぽろ
ぽろ
支店長……
優しすぎて……！
まるで女性を
口説くみたい…
あ！ダメです！
支店長には
大切な奥様と
お子さんが
いるじゃないですか！
それに私、
そんな年上の人と
付き合ったことないし
いや、でもそういう経験も
人生に大切かも……
いや、でもっ！
年下の子もかわいいし
あっ、
どうしよう
支店長！
…違うからな

カランカラン
いらっしゃいませ
どうも
ペコ
お預かりします
僕はいつものでいつもので
羽野くんは何にする？
カルーアミルクカルーア抜きで！
それは牛乳というんだ…

石橋様は マッカラン 12年のロックで お連れ様は こちらですね
お店ガラガラ……あの人の貸し切りですかね？
静かでいいだろ
ここで誰を口説いているんですかねー
あっはっは
乾杯しようか ほら、君も
今日がこの店でのラストだもんな
辞めちゃうんだ
カン
乾杯

う——
う——
はは
なんでカルーアを抜いて酔えるのか不思議だよな
だって支店長とバーテンくんとマスターさんだけ盛り上がって!!
ムキーッ
ばん
ばん
私の知らない話ばかりなんだもん!!
飲むしかないじゃん!!
これは失礼しました
いつも支店長から教えていただくことが本当に興味深くて……
教えてもらう?
保険業界のこと
人間関係のあり方
営業のイロハ……
いろいろと勉強させてもらってます
彼は記憶力が優れていて
一度聞いたことは忘れない

それに知識も豊富だから
いいアドバイスもしてくれる
ふーん
いいなあ頭がいい人は…
それにひきかえ
どーせ私なんか脳みそこんくらいしかないんですもんね
彼女は今いろいろ悩んでいてね
伺いますよ
さて、羽野くん今日話した宿題の答えは出たかな？
私の接客の技術をカバーする何か…ですよね
正直言ってまだわかりません
前にやっていた不動産より今の保険商品のほうが圧倒的に金額は小さいのに
どうして契約が取れないのか…

セールストークには
自信があるのに
お客様が私の話に
食いついてくれなくて…
自分では何が
原因だと思う？
そもそもそんなに
頭がいいほうじゃないのに
勉強しなきゃいけない
ことが多すぎて……！
専門課程
税務
変額
ドル立て
一般教養課程
うぅぅ
何より
1日営業で駆け回って
家に帰ったらぐったりで
お客様の情報を
復習するにも
研修プログラムの
予習をするにも
頭に入らないんです
お父さーん！
ヒナタが
おぼれてる!!
ぶく
ぶく
ぶく

だから お客様に対して 失敗したり 研修に身が入らない と言いたいのか？
…言い訳だって わかってますケド…
毎日が忙しくて 時間がないならば 効率的な方法を 探していくしかないだろう
本当に羽野くんが 仕事のできない人材なら 私だってスカウトしなかったさ
大切なのは 頭のよさじゃない 勉強法であり 取り組み方なんだよ
あの話を してやってくれないか？
かしこまり ました

ロングアイランドアイスティーです
アイスティー？
紅茶？でも、お酒だよね
結構強い！
アメリカ・ニューヨーク州のロングアイランドで1980年代初頭に生まれたカクテルです
紅茶をまったく使わずにアイスティーの味わいとカラーを出したものなんですよ
へぇー すごいね
使っているのはドライ・ジン、ウオッカ、ラム、テキーラ、ホワイト・キュラソー、それにレモン・ジュース、シロップ、あとはコーラを少々
強いお酒ばっかり……
だからレディー・キラー・カクテル……
女性を酔わせるお酒としても有名です
ぱっ
ないない
まさか…!!
カクテルっていろんなお酒が混ざっているでしょう？
たとえばジン1つとっても世界中に無数のメーカーがあります
GIN

あとはお客様のお好みによって使うお酒の銘柄が変わってきたりもしますしね
お お客様の好みまで⁉
どれだけその頭に詰め込んでるんですか…⁉
私なんてさっき言ってたお酒ももう覚えてないのに…
ジンにコーラに… えーと…?
もちろんただ注文に応じてつくっているだけでは決して覚えられません
人は忘れる生き物ですからね
でも、どんな数のカクテルもお酒の銘柄も、お客様の好みも…覚える方法があるんです
それは「人は忘れる」ということを前提に覚えること!
「人は忘れる」ということを前提に覚える……?

よくありがちなのは
ひたすら暗記する
というやり方ですよね
でもそれだと
覚えた端から
忘れていってしまう
カクテルの種類なんて
数えきれないほどあるし
ごくたまにしか出てこない
カクテルなんて
すぐ忘れちゃいます
ラム
ウォッカ
そう
そうなの!!
私も、たまにしか
会えないお客様のこと
すぐ忘れちゃう！
そうだよね!!
コホン
す…
あ…
すみません
物事を覚えるためには
脳が記憶する仕組みを
知ることと、
論理を知ることが
大事なんです
つまり、
記憶すべき情報を
頭の中で整理して
どれが大事な記憶かを
しっかりと理解する
あとは反復するだけなんです
ねえ！
それ具体的に
どうやるの？
教えて！
ボーン
ボーン
ボーン
いいところだが
今日はこれまで
みたいだな
えーっ

バーテンくん
今日が最後
なのにぃ……
って……
ええええええええ――っ!?
今日から
配属になった
上条くんだ
昨日は
ありがとう
ございました
今日から入る
新人ってあなた
だったの!?
はい
上条ユキヤ(26)
よろしく
お願いします
羽野先輩

頭がよくないと覚えられない、は大間違い！

「ものを覚えるのが苦手で、一度覚えた英単語もすぐに忘れてしまう」
「世界史や地理などの暗記系の学科が不得意」

私は予備校の現代文の講師をしてきたので、こんな悩みを持つ受験生たちをたくさん目にしてきました。

本書のマンガの主人公のヒナタちゃんも、入社2年目にして早くも壁にぶつかっていて、「物覚えが悪い」ことが原因ではないかと悩んでいます。確かに、会社に入れば、特に新人時代は覚えることがたくさんあります。

ヒナタちゃんにしても、保険営業のイロハなど、覚えなくてはいけないことは山積みでしょう。確かに、ビジネスパーソンにとって、「物覚えが悪い」ということは、無視できないハンデになることは間違いありません。

でも、**物覚えが悪いからといって、それは頭が悪いからだ、努力が足りないからだ、**

と決めつけるのは間違っています。そうではなくて、**正しい取り組み方を知らずに間違った方法で覚えようとするから、いつまで経っても覚えられないのです。**

昔から、記憶術の本がたくさん出版されています。では、なぜこんなに多くの種類の本が出ているのか、その理由を考えたことがありますか？

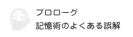

それは、なかなか覚えられない、覚えてもすぐ忘れてしまう、という人が多いということだけでなく、**ちゃんとした記憶術が知られていない、裏を返せば、間違った記憶術が氾濫しているからにほかなりません。**

中には、間違ったやり方でも運よく成果が上がった人もいるでしょう。でも、そういう人は逆に不幸かもしれません。その成功体験が邪魔をして、自分のやり方が間違っていることに気づけないままでいるからです。もし、気づいたとしても、成功体験があるから、そのやり方をなかなか捨てられない。実はそんな人が多いのではないでしょうか。

ゴルフもそうです。間違ったスイングを身につけた人が、それで一度でもいいスコアを出してしまうと、そのあと壁にぶつかっても、素直に他人のアドバイスを聞けなくなります。だから、間違ったクセがなかなか直らない。いつまで経っても上達できないのです。

それと同じで、ものを覚えるのについても、一度身についてしまったやり方はなかなか捨てられないし、忘れられないものです。

おわかりいただけたでしょうか。

覚えられないのは、頭が悪い、努力が足りない、といった問題ではありません。覚えるための正しい取り組み方を知らないだけなのです。その方法を本書で学んでいきましょう。

大切なのは、頭のよさよりも勉強法

「勉強ができる人」というと、毎日、家にこもって、何時間も机に向かっているような、いわゆる「ガリ勉」タイプをイメージする人が多いと思います。

　でも、長年、受験生を見てきた私に言わせると、そういうタイプはあるレベルまでは結果が出ますが、そのあとが意外に伸びません。コツコツ勉強して、暗記することを否定するわけではありませんが、ただの「詰め込み」だけでは効率が悪いし、役に立たない場面も出てくるのです。

　受験生で成績がグンと伸びるのは、実は、クラブ活動もすれば遊びもする、異性にもモテる、でも、勉強もしているというタイプです。

　こういうタイプは、頭がいいというよりも勉強法を知っている。だから、ガリ勉タイプが必死で勉強している時間に女の子とデートしていても、なぜか偏差値の高い大学にスーッと入ってしまったりするのです。

　これから、順を追って説明していきますが、まずはインプット。これこそ記憶するということですが、キモはどうインプットするかです。

　そして、ただインプットするだけではなくて、必要に応じて、状況に応じて、それをアウトプットできなければならない。そのためには、理解することが大切になるのです。

　実は、**理解と記憶は表裏一体です。**このことは意外と見落とされがちです。理解しないまま、内容がわからないまま、ただやみくもに覚えようとする。だから、やってもやっても覚えられない。このことに気づく必要があります。

今でも、英単語や熟語のカードをつくって覚えている受験生はたくさんいます。コツコツ式の「詰め込み」型記憶術の典型です。でも、そうやって覚えた単語や熟語を必要な場面で使えるでしょうか。

本当に肝心なのはそこなのです。

とはいえ、私は、コツコツ覚えていくようなアプローチを、完全に否定しているわけではありません。ものを覚えるときには、地道に覚えていくという作業が必要なこともあるからです。

でも、機械的にただ覚えるというやり方では効率も悪いし、定着率も低くなる。結果として、役に立つ記憶や知識にはならない、ということを言いたいのです。

人間は忘れる動物である

少し余談になりますが、私は30年以上、予備校の講師として、ものすごい数の受験生を見てきました。だから、ひと目見ただけで、その子が合格するかどうか、だいたいわかるようになりました。

その中で気になったのは、勉強は人一倍しているのになぜか成績が伸びない受験生がいるということです。一生懸命勉強しても成果が上がらない、そんな受験生が結構いるのです。

そうした受験生の多くは、まだまだ自分の努力が足りないせいだと思って、もっともっとと頑張る。しかし成績は上がらない。こんなに辛いことはありません。それで、最後はやる気をなくしてしまって、「自分は頭が悪いんだ」とあきらめてしまう。

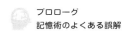

そんなケースがよくあります。

勉強しても成績の上がらない人は、何が悪いのでしょうか？

もちろん、頭が悪いというわけではないのです。

その原因は、勉強の仕方が悪いと考えて、まず間違いありません。間違った勉強の仕方、効率の悪い覚え方をしているのです。

それに気づかないで、「自分は頭が悪いから」とあきらめてしまうのは悲しいことです。なぜなら、それは受験をあきらめるだけではなくて、自分の将来を見限ってしまうことにもつながるからです。

一度、「自分はダメだから」とあきらめてしまうと、それがトラウマになって、先々困難なことにぶつかったときにも、「どうせ、やってもダメだから」と、トライすることさえ放棄してしまうことにもなりかねない。そんなことになったら、それこそ悲劇です。

「でも、頭のいい悪いって、やっぱりあるのでは?」

という声も聞こえてきそうです。確かに、持って生まれた才能というか、得手不得手というか、そういうものが完全にないわけではありません。ノーベル賞をもらうには、やはり才能が必要になるのでしょう。しかし、**仕事に必要な知識やスキルを身につけるといったレベルで、才能の有無は関係ない。**そう断言できます。

社会人で仕事ができる人、できない人がいますが、それは頭がいい悪いというよりも、努力の仕方を間違っていると

か、要領のよし悪しとか、そういう部分の差です。

つまり、私が言いたいのは、**取り組み方が大事**だということです。

仕事を覚えるのでも、何かの知識を身につけるのでも、覚える方法が大切で、その方法が間違っていると努力してもなかなか成果が上がらない。それで自分は頭が悪い、才能がないとあきらめてしまう。するとますます覚えられない……。こんな失敗スパイラルにはまることだけはなんとしても避けなくてはなりません。

理解と記憶は表裏一体

「簡単なことは覚えられるけど、ちょっと難しいことは努力してもなかなか覚えられない」と嘆く人がいます。実は、この言葉の中に、記憶力を高める上でとても大切なヒントが含まれています。

「難しいことは覚えられない」ということは、つまり「わからないことは覚えられない」ということを言っているのです。聞いたり読んだりして、すぐにわかることは覚えられるけれど、「何を言ってるんだかわからない」ことは、なかなか覚えられない。

人間は、わからないことや、理解できないことは、覚えられないようにできているのです。

たとえば、織田信長でも豊臣秀吉でも、どんな人か、何をした人か知っているから、その名前も覚えているけれど、ただの記号として覚えようとすると、なかなか覚えられないし、一度覚えてもすぐ忘れてしまいます。

普段の生活でも、名前をすぐに覚えられる相手もいれば、忘れてしまう相手もいるのは同じ理由です。たとえば、その人に興味を持ったり、何をしているかとか、相手のことがわかったりすれば、自然に名前も顔もインプットされる。でも、友達に紹介されただけで、どんな人かわからないような場合は、名前を教えられてもすぐ忘れてしまうでしょう。

つまり、「好きこそものの上手なれ」という諺《ことわざ》もあるように、自分の興味があることは覚えられるものなのです。逆に、関心がなかったり、難しいなと嫌気が差してしまうようなことは、なかなか覚えられない。その違いは何かというと、理解しているかしていないか、ということ。つまり、理解しなければ覚えられない、ということなのです。

勉強でも、得意な教科はどんどん成績が上がるけれど、苦手な科目はいつまで経っても伸びません。それも同じことです。得意な教科は、内容に興味があるしよくわかるから、どんどん頭に入っていく。だから、覚えられる。ところが、苦手な科目は、そもそも関心がない。いくら教科書とにらめっこしても理解できないのは当然です。だから、頑張っても覚えられない。そういうことなのです。

いい例が、いわゆるオタクと呼ばれる人たちです。知識の範囲は限定されますが、たとえばアニメのこととか、鉄道のこととか、オタクの頭に入っている情報量はハンパではありません。

彼らは、面倒とか、難しいとか考えず、脇目も振らずに、興味を持ったことをとことん知ろうとする。だから、びっくりするくらいたくさんの情報を苦もなく覚えられるのです。

このように、興味があることを理解するのは決して難しいことではありません。努力も要しません。理解しているから、次々と吸収できる。こうして覚えるためのスイッチが入るのです。

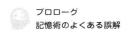

ひと目見ただけで忘れない心のメカニズム

繰り返しになりますが、基本的に、ものを覚える、記憶するという行為と、頭がいい、悪いは関係ありません。私たちは「あの人は頭がいいから」とか、「私はバカだから」などと言いたがりますが、かなりのレベルにならなければ、天から授かった才能は関係してきません。むしろ、才能が関係するレベルまでいくのが大変だ、と言ってもいいでしょう。

たとえば、本書のマンガの主人公のヒナタちゃんは、仕事上での物覚えの悪さに悩んでいますが、ファッションのこと、化粧品のこと、美味しいスイーツのお店のことなど、若い女性ならではのいろいろな情報を蓄えているはずです。

でも、上司の支店長にはそういう知識はない。そのことだけを考えたら、頭がいいのはヒナタちゃんで、支店長は頭が悪いということになります。こんな比較をしても無意味だということはわかっていただけるでしょう。

1章でも説明しますが、人間は一度見たり、聞いたりしただけでは、何かを完全に覚えることはできません。覚えたつもりでも、そのうち忘れてしまうのです。

中には、「一度会っただけなのに名前も顔も覚えている」という人もいるかもしれません。それは本当のところ、会ったのは一度だけでも、その後で、「○○さんは……」と無意識のうちに思い出し、顔と名前を何度も反芻《はんすう》しているからです。そういう無意識下で行う**「反復記憶」**があるから、一度しか会ったことがないはずなのに、その人にしばらくしてから会ったときでも、すぐに顔も名前もわかるわけです。

男性なら誰だって、すごくきれいな女の人を見かけると、「さっきの女性、きれいだったな」と、あとでつい思い出してしまい、二度と会う可能性もないはずなのに、いつまでも顔を覚えていたりします。

いつまでも忘れない人というのは、あとで「きれいだったな」とか、「また会えるといいな」などと、知らず知らずのうちに、思い出している。それで、記憶が定着し、忘れないのです。

そういうことには、頭がいいとか悪いとかは関係ないと思いませんか？

覚えられるか、忘れてしまうかは、覚えるためのきちんとした作業をしているか、いないかという違いだけ、と言っても過言ではありません。

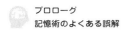

仕事も同じです。

いくら努力してもなかなか仕事を覚えられない人は、覚えるための作業がきちんとできていないだけなのです。

逆に、仕事をすぐに覚えられる人は、その覚え方、正しい仕事のやり方を知っている。つまり、頭のいい人＝正しい方法を知っている人、頭の悪い人＝方法が間違っている人、そう考えて間違いありません。

プロローグのまとめ

- 覚えられないのは、「自分の頭が悪いから」ではなく、「覚え方が間違っているから」
- 毎日コツコツ式の「詰め込み」型記憶術には限界がある
- 人は覚えても覚えてもどんどん忘れる動物である
- 理解と記憶は表裏一体。理解できたことは記憶できる
- 頭のいい人＝正しい方法を知っている人。頭の悪い人＝方法が間違っている人

1章 あなたはなぜ忘れてしまうのか？

Story 1
記憶術との出会い
1カ月後
鈴木
村野
羽野
山田
上条
西本
高峰
鈴木
村野
羽野
山田
上条
驚いただろうが今、羽野くんが本当に学ぶべき相手は彼だよ
でも、彼は入ったばかりですし
いったい何を学べって言うんですか!?
……
あっという間に抜かれるなんて…
…立場ないじゃん…
上条くんお疲れさまー
おかえり!
わい
わい

上条くん どうだった？
今日は４件 お決めいただいて きました
ってことは…
上条くん すごーい!!
橋
々木
東
本
峰
木
野
野
田
条
かき かき
おぉ〜っ!!
ざわっ
入社したばっかりなのに そんなに契約取れる なんてすごいな！
そんな… 必死で仕事覚えたら うまくいっただけ ですよ
あははっ
ばんっ
ばんっ
私たちなんか 必死でやっても できないのにね！
ハハハ…
……私だって 必死にやってるのに……
ハァ…
何が 違うん だろう…？
……

羽野家
ヒナタ…
ヒナタのいとこ
ユイ
そんなに拝んだらおばあちゃんだってプレッシャーだよ
ぐぬぬぬぬぬ…
彼氏なんてそのうちできるって
違うよ恋愛じゃなくて仕事のことでいろいろとね……
保険会社だったよね？
うん
これ渡そうと思ってたんだ
おばあちゃんの日記……？
日記

ほら、生前
おばあちゃんが話してた
恩人っていたでしょ？
どうもね
日記を見てると
おじいちゃんの知らない
メロドラマが
あったっぽいの！
メロドラマって…
ちょっと！
勝手に読んだら
まずいって！
その
相手がね
なんと
生命保険会社
の人なんだって！
えっ！
これでヒナタも
共犯だからね
日記

バサッ
日記
おばあちゃん…
ヴーヴー
codomo
22:47
ユイ
今日
日記読んでみた？
まだ途中
ねえ
おばあちゃんを担当してた保険外交員さんの顔って覚えてる？
ごめん
覚えてない＞＜
やっぱ覚えてないか…
そりゃそうか
私もうろ覚えだし……
日記
！
おばあちゃん…！
ヒナタやユイが世の中の困った人の役に立てる大人に育ってほしい。

BAR MEMORIAL
私 なりふりかまってられないな……
カラン
いらっしゃいませ
カラン
なるほど
上条くんのことですか
はい！ とにかく会社でも新人とは思えない超人ぶりで……！
昔からすごかったんですか？
そうですねえ……
学生時代の成績は下の下 そもそも勉強は大嫌いで友達もほとんどいなかった……と
本人は言っていましたけどね
えっ？

勉強ができない
社交性もない……
受験も失敗続きで
目も当てられない
状態だった
らしいんです
信じられない…
そんなとき、
ある先生が予備校に
着任したんです
そこで
とっておきの
記憶術を
伝授され
人生が激変した
この方が
上条くんの運命を
変えたと言っても
過言ではないでしょう
記憶術？
だ……
誰なんですか
その人は⁉
入口《いりぐち》 貴《たかし》さん
という方ですよ

ちゃっかり私も教えてもらいましてね
おかげさまで売り上げが伸びました
それ!
その記憶術……私にも教えてください!
困りましたね……
バーテンダーがお客様に何かを教えるのはおこがましいのですが……
スッ
その話なら私からしましょうかねマスター
かわいらしいお嬢さんが困っているのを放ってはおけませんから
おじさん……

……誰?
よろしければレクチャーを受けてみてはいかがですか? この方なら確かです
私からお教えできない代わりにお店から一杯おごらせていただきますから
飲みます
え……そうなんですか? でも……
そもそもなぜ覚えたいことをなかなか覚えられなくなるか まずはそこからですね
それは……学生のときよりも年を取ったから脳細胞がどんどん死んで……
あなたの年齢で記憶に障害が出るほど脳細胞が減っていたら私なんてどうなるんですか
あっ ごめんなさい
必要なのはね
記憶のメカニズムを科学的に知っておくことなんです
記憶を科学的に?

物事にはすべてステップがあります
あなたは人と知り合ってその１秒後から親友として付き合えるようになりますか？
そんな単純じゃないですよ、いくら私だって！
まず知り合いから始まってそれから友人として見るか見ないかを判断しますよね？
じーっ
他人
知り合い
友人
ちゃんとした人かどうか見極めなくちゃいけませんから！詐欺とか怖いし！
それです！
えっ これ詐欺なの!?
その前ですよ……
実は記憶が始まるときも同じことが脳の中で起きていましてね

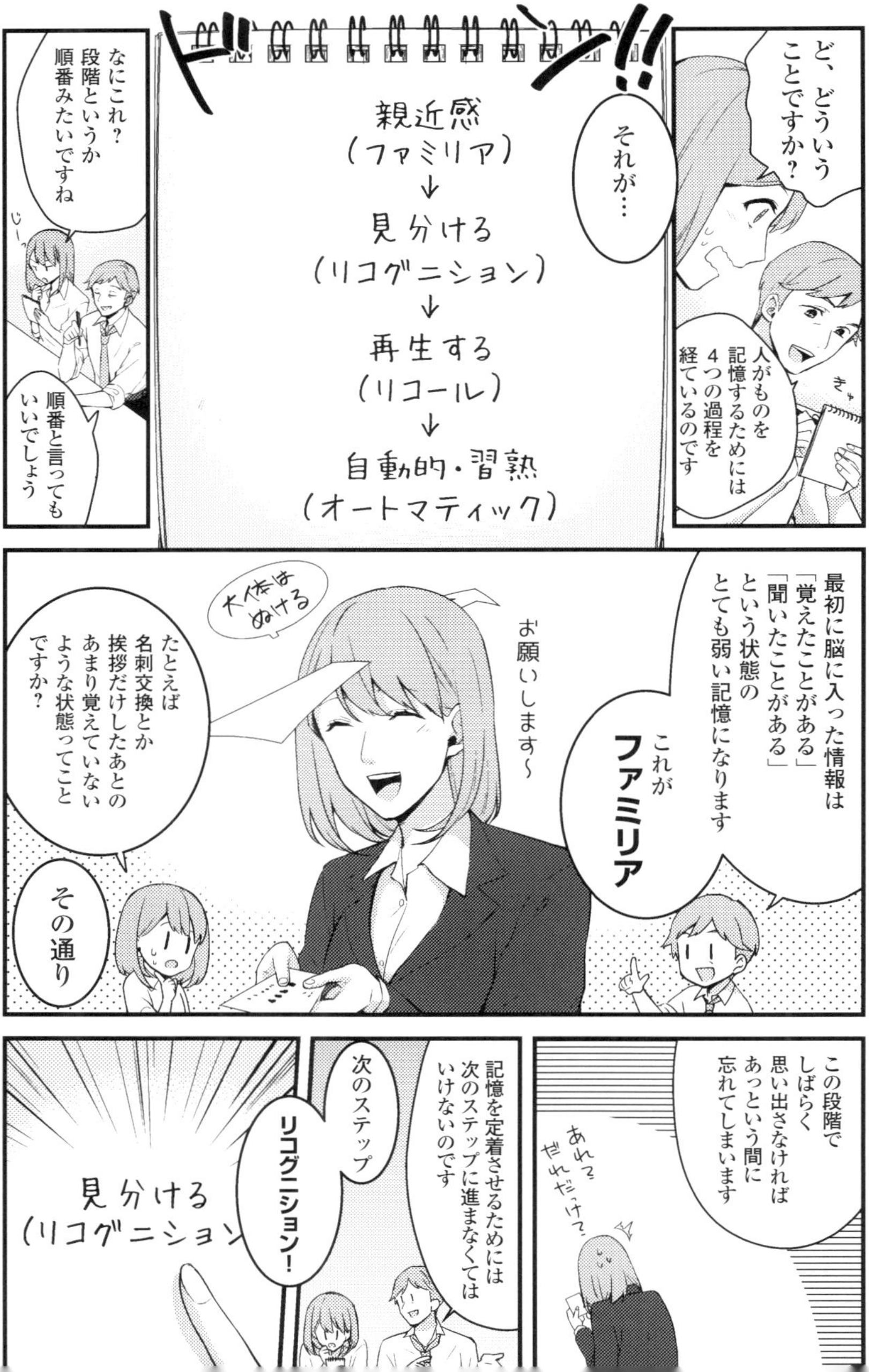

ど、どういうことですか？
それが…
人がものを記憶するためには4つの過程を経ているのです
きゅ
親近感（ファミリア）
↓
見分ける（リコグニション）
↓
再生する（リコール）
↓
自動的・習熟（オートマティック）
なにこれ？段階というか順番みたいですね
じーっ
順番と言ってもいいでしょう
最初に脳に入った情報は「覚えたことがある」「聞いたことがある」という状態のとても弱い記憶になります
これがファミリア
お願いします～
大体はぬける
たとえば名刺交換とか挨拶だけしたあとのあまり覚えていないような状態ってことですか？
その通り
この段階でしばらく思い出さなければあっという間に忘れてしまいます
あれ？だれだっけ？
記憶を定着させるためには次のステップに進まなくてはいけないのです
次のステップ
リコグニション！
見分ける（リコグニション

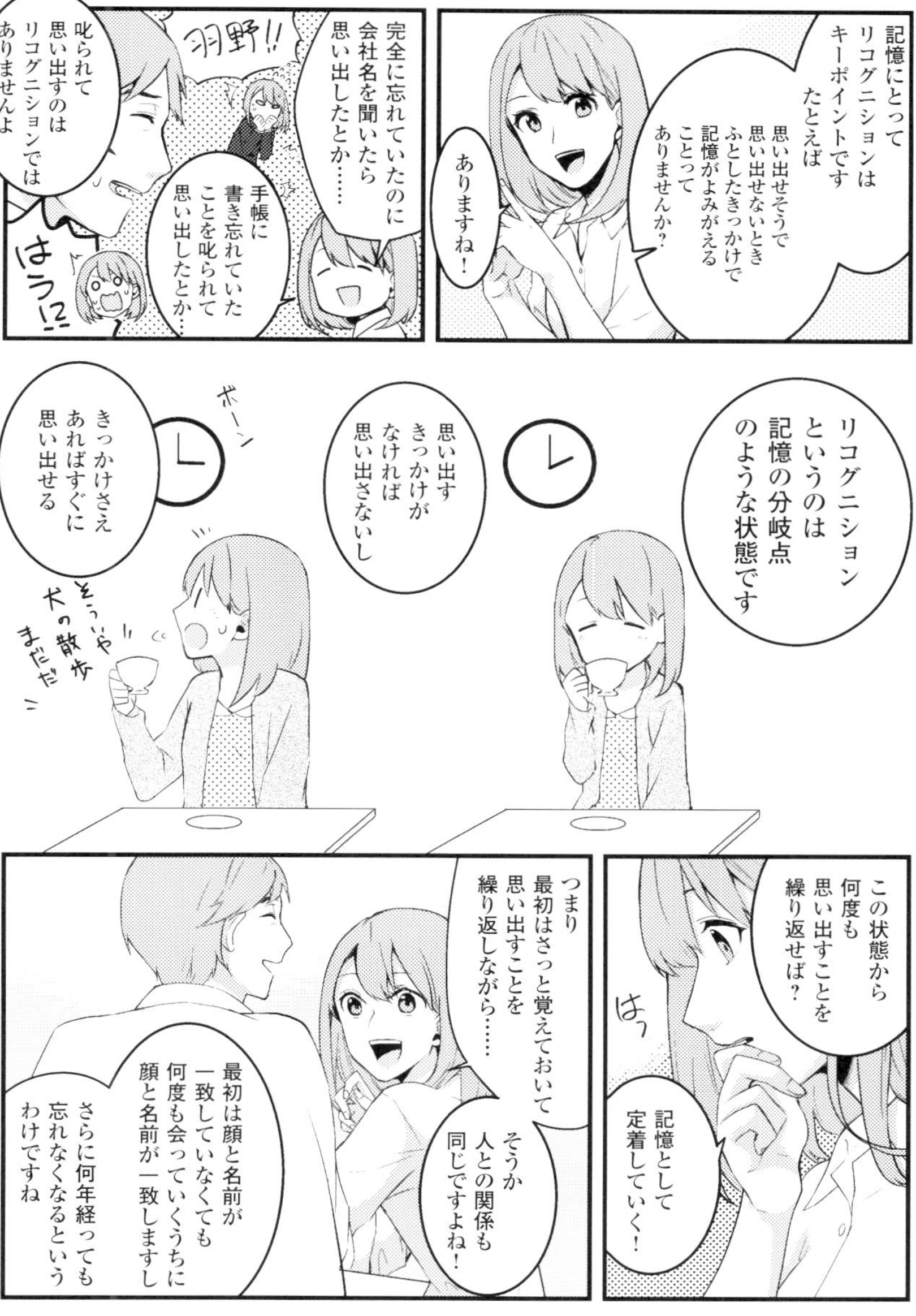
記憶にとって リコグニションは キーポイントです たとえば
思い出せそうで 思い出せないとき ふとしたきっかけで 記憶がよみがえる ことって ありませんか？
ありますね！
完全に忘れていたのに 会社名を聞いたら 思い出したとか……
羽野!!
手帳に 書き忘れていた ことを叱られて 思い出したとか…
はう!?
叱られて 思い出すのは リコグニションでは ありませんよ
リコグニション というのは 記憶の分岐点 のような状態です
思い出す きっかけが なければ 思い出さないし
ボーン
きっかけさえ あればすぐに 思い出せる
そういや 犬の散歩 まだだ
この状態から 何度も 思い出すことを 繰り返せば？
はっ
記憶として 定着していく！
つまり 最初はさっと覚えておいて 思い出すことを 繰り返しながら……
そうか 人との関係も 同じですよね！
最初は顔と名前が 一致していなくても 何度も会っていくうちに 顔と名前が一致しますし
さらに何年経っても 忘れなくなるという わけですね

わかります！
人じゃなくて
経験したことでも
そうですよね
ええ
その通りです
子どもの頃に友達に
ゲームのデータ消されて
大人になった今でも
忘れることなく
恨んでいますもの……
ゴゴゴゴゴ
羽野様
お顔が……
まあ、その
恨みつらみは
置いておいて
1つお尋ね
しましょう
顔と名前を覚えて
何度かお会いしている人の
名前を言ってみてください
イエーイ
じゃあ
石橋支店長
今、名前と顔だけでなく
石橋さんのいろんな
情報を同時に
思い出しません
でしたか？
あ！
思い出しました！

ゴルフが下手でもクラブだけ立派とか実はAK○48に推しメンがいて握手会行ってきたとか最近、奥さんからお小遣いを減らされたとか
お刺身を食べるとき必ずうっかりネクタイを醤油皿につけてしまうとか奥さんのフィットネス器具を壊したことを黙ってるとか
娘さんが……
……そのへんで勘弁してあげてください
聞かなかったことにしましょう……
ぶぇっくしょい
?
コホン
言うなれば今、羽野さんが言ったことが**リコール**です
ある言葉を聞くとかあるモノを見るとか重要な情報をきっかけに
立派なクラブ
フィットネス
下手
ゴルフ
奥さ
周辺の情報も次々と深掘りして思い出せるようになる
なるほど！…でもこれ以上の記憶ってあるんですか？
石橋支店長
それを増やせば知識量が増えていきますよね
最後に**オートマティック**が残ってますよね

オートマティックというのは思い出すことを行動として意識しなくてもすぐに浮かび上がってくる記憶のことです
たとえば……
あなたの名前は？
羽野ヒナタ！
お母さんの名前は？
羽野優子！
彼氏いない歴は？
3年……って ほっといてください！
今、思い出すための努力をしなくても勝手に頭の中に出てきませんでしたか？
あ！
ほんとだ……考えるよりも先に出てきた……！
チャポン
普段の知識や情報はリコールまでたどり着けば十分です
これみたいにね
ただこのオートマティックにまでたどり着いた記憶は
あなたの中で長い時間をかけて熟成した記憶とも言えるんですよ

もしかして…私自身が記憶することも大事だけどお客様に私のことを覚えてもらう上でもこのことを知っておくと有利になるかも…！
いいところに気づきましたね
今日は最後に2つ宿題を出しましょう
1つめはこれから帰って6時間は睡眠を取ること
2つめは今日説明したことを**明日の朝に必ず反復すること**
どうして6時間なんですか？
必要!!
6時間以上眠らないと脳に記憶が定着しないんですよ
記憶はレム睡眠の段階で脳に定着していきます
ちゃん
ちゃん
朝に反復するのは忘れかけた頃
つまりリコグニションからファミリアへダウンする前にもう一度思い出して覚え直すのです
いいですね？
はい！
あっ
こんな時間！急いで帰らないと6時間寝れない！
ばた ばた
BAR MEMORI
ははは気をつけて帰ってください
またのご来店をお待ちしております

キュン
キュン
キュン
キュン
えっと……
記憶には
4段階あって……
ああー…メモ
もらってくれば
よかった……!
あとは……
最初から完璧に
覚えようとせずに
まずはざっと
覚えて……
一度寝てから
反復して……
おはよう
ございます
早いですね
まだまだ覚えなくちゃ
いけないことあるし
MDRT入り
したいですしね
MDRT!?
ユキヤくんこそ
もう今月は社内
トップ確実だから
余裕があるかと
思ってたけど…
余裕なんて
ないですよ
もーっ
そんな大きな
目標立ててるの？
簡単じゃないわよ
だって
全保険外交員の中の
4％しか…

いや
やってみせる
必ず…ね
はっ
そ…
そういえば
これから
アポでした！
行って
きます！
おはよう
ございます～
おはよう
おはよう
ございます～
ユキヤくん……

記憶には4つの段階がある

ここからは、いよいよ具体的な記憶術について踏み込んで説明していきたいと思います。効率よく覚えるためには、ただやみくもに努力するのではなく、そのための方法を知っておく必要があります。

スポーツの世界でも、昔のひたすらたくさん練習すればうまくなる、強くなるという根性論的な考え方から、科学的で合理的なメソッドに変わってきています。記憶についても同じで、まだすべてが解明されていないとはいえ、20年、30年前よりはるかに進んできています。

記憶のメカニズム、記憶術に関する「セレゴ・メソッド」と呼ばれている研究があります。本書のマンガの中で、**「記憶するための4つの過程（段階）」**として紹介されているものです。

自分の記憶を思い出してみてもわかると思いますが、記憶には、いつでも思い出せるくらいしっかり覚えているものもあれば、名前を聞けば思い出せるもの、そういえば聞いたことあるというおぼろげな記憶といったように、記憶と言っても覚えているレベルが違っています。

そういう記憶の段階を「セレゴ・メソッド」では次の4つに分類しています。

- ・ファミリア（親近感　familiar）
- ・リコグニション（見分ける　recognition）
- ・リコール（再生する　recall）
- ・オートマティック（自動的・習熟　automatic）

親近感→見分ける→再生する→自動的・習熟

まず、**ファミリア**は「親近感」という意味ですが、「覚えたことがあるぞ」という程度の漠然とした記憶のことを言います。聞いたことがある、知っているような気がするという感じがあるだけで、**具体的に何かを思い出せるわけではないので、知識としては役に立たない段階の記憶**です。

注意すべきは、一度、記憶して、頭に入ったはずのことでも、そのまま使わなければ、時間が経つうちにファミリアの状態になって、放っておけば学習したことがほぼ無効になってしまうということです。だから、ファミリアになる前に復習して、記憶をもっと上の段階にしっかりと留める必要があります。

その次の段階が**リコグニション**です。

リコグニションは「見分ける」という意味です。**自力では思い出せないけれど、選択肢を与えられれば見分けることができるというレベルの記憶**のことを言います。たとえば、テストの穴埋め問題で、自分ではどの言葉が入るか思い出せないけれど、五択のような選択肢があれば正解がわかるということがあると思います。そういうレベルの記憶、知識がこのリコグニションです。

リコグニションのレベルだからと言って、これがダメな記憶というわけではありません。覚えるときは、まずこのリコグニションの段階から始めればいいのです。そして、徐々に記憶のレベルを上げていく。どんなに頑張って時間をかけて覚えても、一度では記憶は定着しませんから、急がば回れ、という言葉があるように、徐々に記憶のレベルを上げていくほうがむしろ効率がいいのです。

三番目の**リコール**は、いろいろな意味合いで使われていますが、ここでは「再生する」という意味です。

リコグニションのように**選択肢が与えられていなくても、自分で思い出すことができるという、より高いレベルの記憶**です。

英単語なら、その言葉を聞いたら、すぐに意味もスペルも発音も、正確に答えられるというレベルを言います。学習するときには、このレベルが目標になるのです。

最後の**オートマティック**は「自動的・習熟」という意味で、**思い出そうとしなくても、自然に浮かんでくるさらに高いレベルの記憶**を指します。

たとえば、自分の名前とか、家族の名前は考えなくても、すぐに浮かんできます。

いつも使っている言葉とか知識というのは、自然にこのオートマティックな記憶になっていく。スマホの操作法、パソコンのブラウザの開き方とか、最初は説明書を見ながら、次は思い出しながら何度かやるうちに、考えなくても自然に手が動くようになる。これがオートマティックという段階の記憶です。

記憶がオートマティックレベルになることを、私は**「習熟」**と呼んでいますが、通常の知識は第3段階のリコールで十分で、英語の単語などはリコールレベルまで記憶していれば、何の問題もありません。

でも、その知識を使って英語で議論をするとなると、オートマティックでないと対応できません。いくつもの単語を使わなければいけないので、その1つひとつを思い出しているような時間などないからです。

記憶のレベルを上げる「分散学習」

誤解しないでいただきたいのは、すべての記憶レベルをオートマティックにする必要はない、ということです。多くの知識は、いつでも思い出せるリコールのレベルで十分です。

したがって、問題はいかに効率よく記憶をリコールまで持っていくかということになります。覚えるのが苦手ということは、リコールのレベルまで到達していないということ。リコグニションの記憶ばかりというケースが多いのです。

ところで学習の仕方は、大きく2つに分けることができます。

「集中学習」と**「分散学習」**です。集中学習というのは、同じことを一度に時間をかけて集中的に学習する方法、分散学習は同じことを何度かに分けて学習するというものです。

では、記憶をリコールのレベルにするには、どちらの学習方法がいいかというと、それは分散学習です。

その理由は、私たちは一度覚えたことでも、時間の経過とともにどんどん忘れてしまうようにできているからです。このことを科学的に数値化したのが、ドイツの心理学者ヘルマン・エビングハウスによる**「エビングハウスの忘却曲線」**です。

左の図の横軸が時間の経過、縦軸が時間の節約率※を示していますが、驚くべきことに、私たちは覚えたことを急激に忘れてしまい、1時間経つと、覚え直すのに、最初にかかった時間の5割以上を、1日経つと7割以上の時間を必要とすることがわかります。

私が受験生だった頃の勉強法は、詰め込み主義が主流でした。たとえば、「英単語を1日に50個覚えよう。それを1週間続ければ350個になる。5千個を目指して、とにかく頑張ろう！」というような勉強法でした。集中してやれば、確かにそのときは覚えるでしょう。でも、1週間、1ヵ月経ったら、どれだけ覚えているかといったら、本当に惨憺《さんたん》たる有様なのです。

※　時間の節約率　一度記憶した内容を再び完全に記憶し直すまでに必要な時間をどれぐらい節約できたかを表す割合のこと。

エビングハウスの忘却曲線

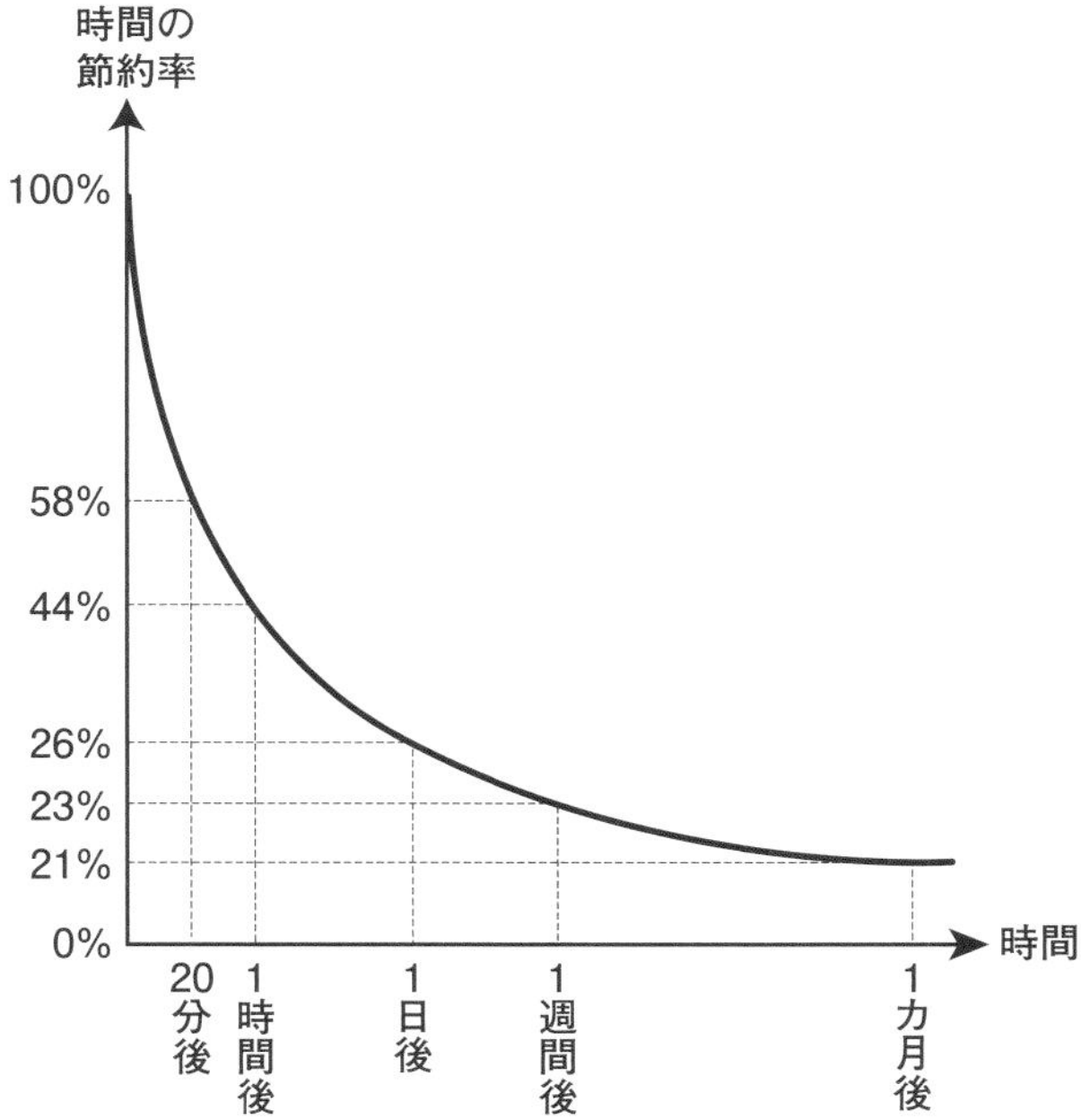

とはいっても、集中して学習したものは、すぐ完全に忘れてしまうわけではありません。しかし、1週間もしたらリコールのレベルに再び戻すのに、最初に覚えたときの5割近い時間がかかるほど忘れてしまうものなのです。

とすれば、しっかり覚えたいのなら、やはり、集中学習は効率が悪いということになります。一夜漬けは集中学習の1つですが、先ほども話したように、1時間経てば1時間前と記憶を同じ状態に戻すのに約2倍の時間が必要になるということからすると、集中したわりには報われません。復習と復習の間の休息時間は、記憶を整理して定着させるのに必要な時間です。できれば、夜覚えたことを、朝もう一度ざっとでいいから見直す。それだけでも一夜漬けの効果がグンと上がってきます。

記憶をつかさどる脳の海馬

ここで少し話題を変えて、記憶に関わる脳の働きについて説明することにしましょう。専門的な難しい話にはしないつもりなので安心してください。

脳はいろいろな部分から構成されていますが、記憶に関するものには、前頭葉、側頭葉、それから海馬があります。

海馬という言葉はあまり馴染みがないかもしれませんが、記憶に関してこの海馬がとても重要な役割を果たしていることがわかっています。海馬は、私たちがものを見たり、音を聞いたりして得た情報が脳に伝えられたとき、最初に処理する場所、つまり、脳の門番のような役割を担っています。

たとえば、「ＬＯＶＥ」という単語を見たとしましょう。そのとき、海馬はその言葉を「知っているか、いないか」「覚えているか、いないか」を判断します。門番として、以前に来たことがある人かどうかを調べるわけです。

では、どうやって判断するかというと、まず前頭葉に問い合わせる。前頭葉というのは記憶の司令塔のようなもので、ここが記憶の保存場所である側頭葉を調べます。調べた結果、もしその言葉が側頭葉になくて、保存が必要なものであると前頭葉が判断した場合は、側頭葉にとりあえず記憶するように指示を出すのです。

海馬にも記憶する機能はありますが、それは一時的なものなので、すぐに消えてしまいます。長く保存できる場所が側頭葉ということです。

このように、私たちが毎日目にしたり、耳にしたりしている膨大な情報の多くは、海馬に一時的に保存されるだけですぐに消去されてしまい、なかなか側頭葉には保存されません。パソコンで言えば、海馬はメモリーで、側頭葉はハードディスクというふうに考えていただければわかりやすいでしょう。

こうした海馬と側頭葉の役割の違いから考えると、ものを覚えるときには、いかに側頭葉に記憶させるか、そして、その記憶を定着させるかが大切になります。

メモリーに入っているだけでは、電源を切るだけですぐに消えてしまいます。だから、忘れずにハードディスクに保存しておかなければなりません。それと同じような作業が、記憶を定着させるということなのです。

6時間睡眠が記憶を定着させる

一夜漬けの問題に関連して、ここで睡眠と記憶、学習効果の関係について説明しておきましょう。ハーバード大学のスティックゴールド博士は、学習したその日に**6時間以上の睡眠**を取らないと、記憶として定着しにくいという研究結果を発表しています。つまり、**しっかり睡眠を取らないと、せっかく覚えたことも記憶として残らない**

海馬は脳の記憶の門番

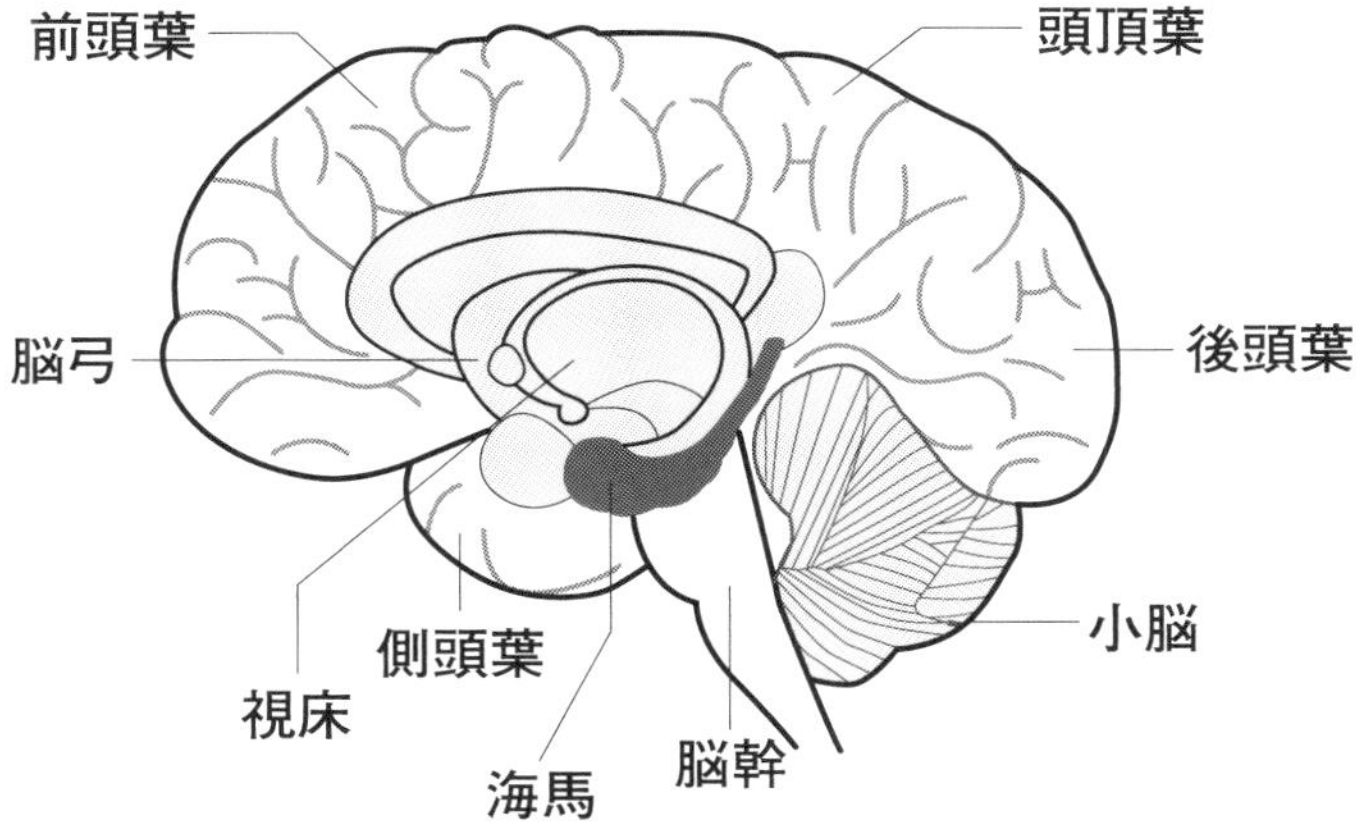

というのです。

睡眠が記憶にとって大切で、深く関係している理由として、次の2つのことが考えられています。

1つは「干渉」です。記憶を定着させるには、睡眠も含めて、一定の時間や期間にわたる脳の活動が必要ですが、その間に何かの妨害が入ると、記憶がうまくいかなくなります。こうしたことから、睡眠中というのは外部から情報が入らない、遮断された状態になっているので、干渉が起こらず、学習したことが記憶されやすい時間と考えられているのです。

もう1つは脳の活動の問題です。

人間の睡眠には周期があって、**「ノンレム睡眠」**と**「レム睡眠」**を交互に繰り返しています。ノンレム睡眠とは体も脳も休んでいる状態、レム睡眠は体は休んでいるけれど脳は活動している状態です。このレム睡眠と記憶が深く関係してい

ると言われていて、この間に記憶を定着させている可能性があるのです。

夜遅く疲れて帰ってきて、バタンキューで寝たときは、いきなり深い眠り＝ノンレム睡眠になり、目覚める直前にレム睡眠になる、と言われています。こうしたレム睡眠がほとんど訪れない眠りだと、記憶が定着しないリスクがあります。**覚えるためには、6時間以上眠らなければいけない**のです。

睡眠と記憶との関係を考えると、**「一度目の学習では完全に記憶しようとせずにリコグニションの状態にして、睡眠を挟んで、同じ内容を反復学習する」というのが、もっとも効率的で、効果的なやり方になります。**

眠っている間には、記憶が定着されると同時に、忘れてしまうこともあるはずです。それを、朝起きてからもう一度学習し直す反復、分散学習が、もっとも効果的な学習法になるのです。

一夜漬けも翌朝見直せば効果が上がる、と書いたのはこういう理由からです。

私は一夜漬けをすすめているわけではありませんが、もし、どうしても一夜漬けをしなければならないなら、この方法を覚えておいて損はないでしょう。

記憶の核をつくる「雪ダルマ式記憶術」

さて、ＴＯＥＩＣの英語のように、とにかく嫌でも覚えなければ勉強が先へ進まないものがあります。ただし、多くの知識は体系的なものなので、個別に覚えるのは、実は効率がよくありません。それだけでなく、こうして覚えたことは、使える知識、生きた知識にはなりにくいのです。

私たちは、これは覚えなくては、知っておかなくてはと思うと、細かい部分まで覚えなくてはいけないと思ってしまいがちです。でも、細かい部分は、重要なことをしっかりと覚えていくうちに、自然にあとからついてくるものです。

だから、細かい部分まで覚える必要があるなら、まずは全体像をつかんで、核となることを覚えること、しっかりと理解することが大切になってきます。

それには、テキストになるような本があるなら、その核となる部分の知識をきちんと理解した上で何度も読み込むのです。

こうして、何度も読んでいる間に、覚えなければいけないことは自然に反復され、覚えられます。しかも、核になることを理解して読んでいくと、その周辺の事柄も次第に理解でき、頭に入っていく。つまり、1つの事柄のまわりに、いろいろな事柄がつながって、絡み合って、どんどん知識が膨らんでいきます。

私はこのやり方を**「雪ダルマ式記憶術」**と呼んでいます。

たとえば、ビジネスパーソンにとって不可欠な敬語の知識を覚えたいとしましょう。まず、敬語には「尊敬語」「謙譲語」「丁寧語」の3つがある。これは核となる基本中の基本の知識です。大切なのは、それぞれの違いを理解することです。

すなわち、「尊敬語」は動作する人を高める表現、「謙譲語」は自分の動作の対象となる人を高める言い方、「丁寧語」は相手に失礼にならないような丁寧な表現のことです。

これをしっかり頭に入れておけば、たとえば「いらっしゃる」は尊敬語で、「伺う」は謙譲語、「ございます」は丁寧語、ということはすぐにわかるはずです。

同様に、「おっしゃる」「なさる」「拝見する」といった敬語の知識と用法を、理解しながら、どんどん増やしていくことができます。きちんとした知識として身についていくのです。

まず核を理解していれば、細かいことを理解するのも覚えるのも、それほど大変ではありません。

逆に言うと、**細かい知識というのは、核がわかっていなければ理解できないし、覚えられない**と言ってもいいでしょう。

知識を増やす、覚えると言うと、ただ詰め込むということばかりが強調され、つまらない、辛いだけのことのように思われがちですが、この「雪ダルマ式記憶術」なら、いろいろなことが自然と、楽に覚えられます。そもそも、自分の趣味のことと か、好きなことは、雪ダルマ式に覚えていくものです。

ただし、意識してやるかやらないかの違いはものすごく大きい。頭がいい人というのは、こうした効率的な方法なりシステムを意識して、武器として上手に使っている人たちなのです。

雪ダルマ式記憶術

テキストの全体像をつかんで、まず「核」となる事柄を理解する

↓

テキストを繰り返し何度も読み込む

↓

「核」の周辺の事柄も自然に理解できるようになる

↓

「核」の周辺の事柄が記憶に定着する

↓

「核」の周辺の周辺の事柄も自然に理解できるようになる

↓

「核」の周辺の周辺の事柄が記憶に定着する

↓

記憶が雪ダルマ式に膨らんでいく!

記憶の雪ダルマを転がすと……

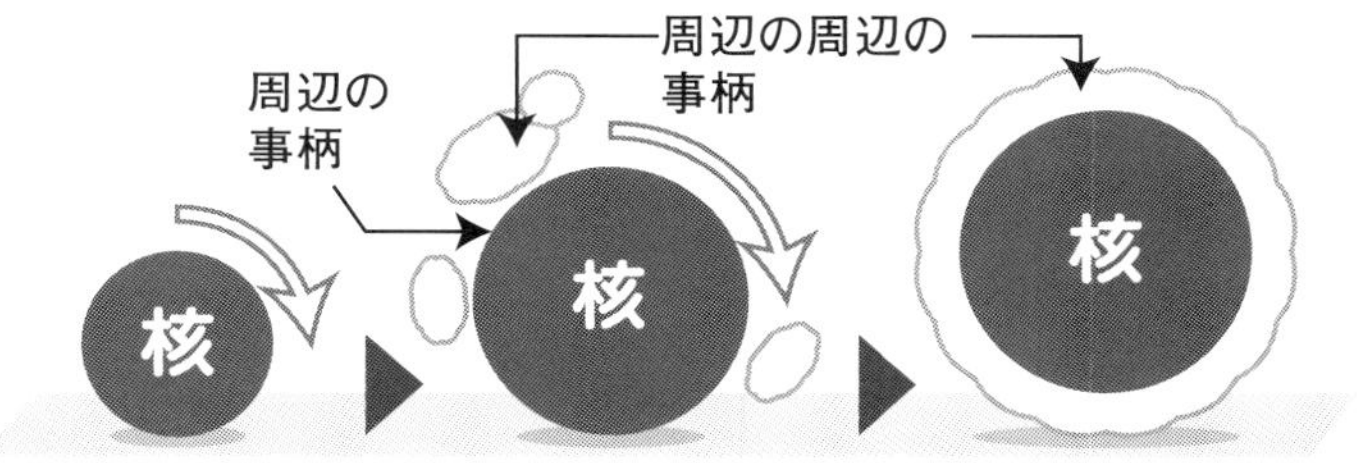

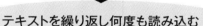

１章のまとめ

・記憶には「親近感」「見分ける」「再生する」「自動的・習熟」の４つの段階がある

・一夜漬けで覚えたことを、朝もう一度ザッと見直せば、失いかけた記憶が復活する

・覚える作業のあとに、６時間以上の睡眠を取らないと、脳に記憶が定着しにくい

・一番重要な部分を覚えると、その周辺の事柄も理解できて記憶が絡み合い、雪ダルマ式に知識量が膨らんでいく

2章 論理力を使えば記憶力はグンと高まる

Story 2
彼の秘密

ストレス買いってこういうことを言うんだよねー
花水
そのわりには顔がニヤケてるよ
ドン
どわっ
ぱ
おっと
大丈夫ですか？
あ はい大丈夫…
……ってユキヤくん!?
ちょっとヒナタ!!
この人誰!? 誰!?

なんだか
すみません
私まで
ご一緒
しちゃって！
……
ごめんね
お休みの日
なのに……
いえ、ちょうど
飯でもと思ってたし
一度ゆっくりお話し
したかったから
やっだー
いくらでも！
なんでも！
いつまででも
話しますよ！
あんた
じゃないよ……
かわいいね
ユキヤくんが
飼ってるの？

うちの祖母が1人で暮らしているので寂しくないように僕が連れてきた犬なんです
もうおじいちゃんなのであちこちガタだらけですけど
人間も犬も長生きの時代だって言うしね
ぱた
ぱた
もっとなでて～
体が大きいから医療費が結構バカにならないんですよね
あ 懐いた
その祖母も先日亡くなりましたけどね…
そっか…
すみません湿っぽい話になっちゃって……
犬～ おいで犬～
プイッ
ねえ、ユキヤくん今日時間ある？
私ずっと気になってたんだ……
ガルルルルルッ
えっ？

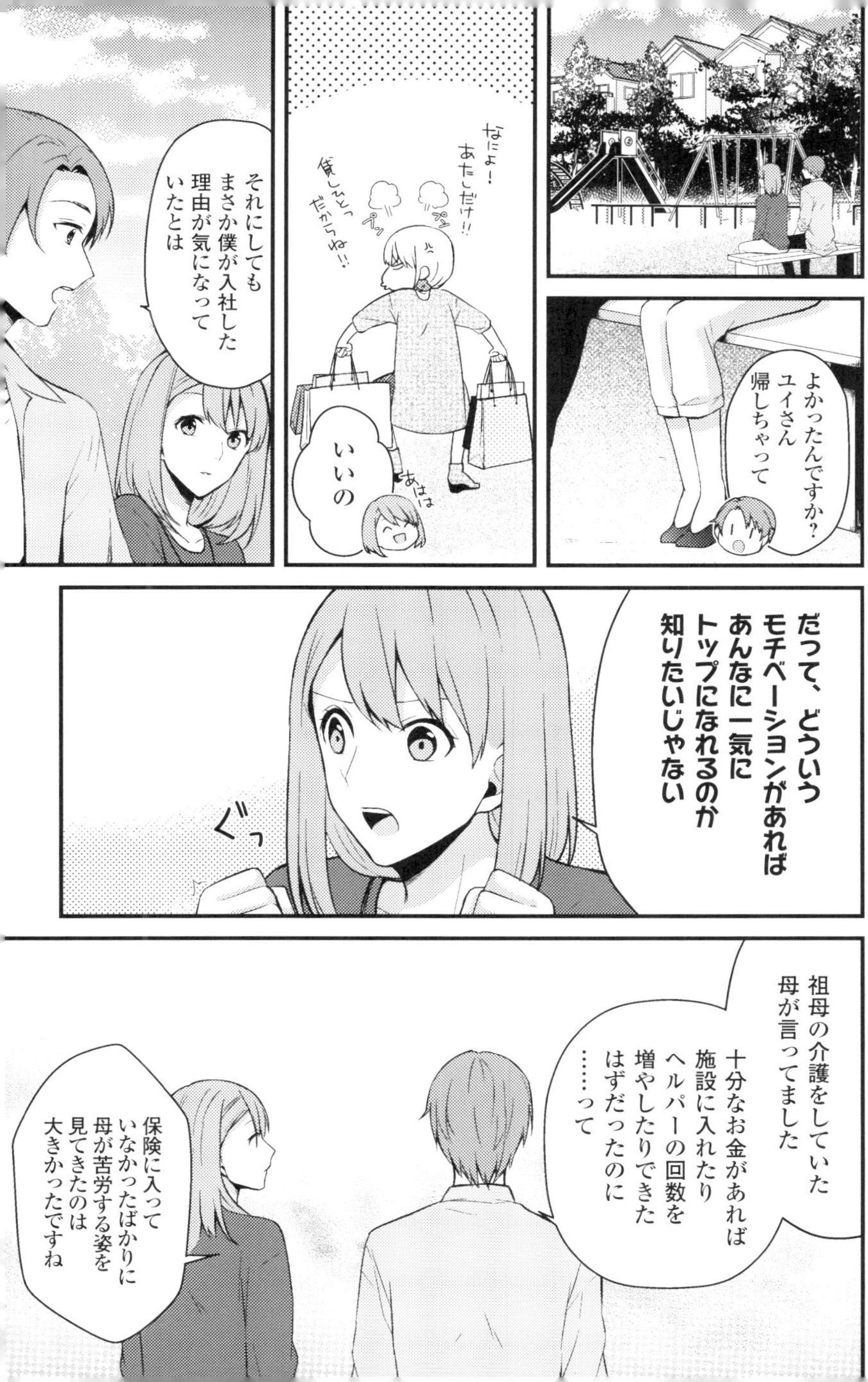
よかったんですか？ ユイさん 帰しちゃって
なによ！ あたしだけ!!
貸しひとつだからね!!
プン プン
いいの
あはは
それにしても まさか僕が入社した 理由が気になって いたとは
だって、どういう モチベーションがあれば あんなに一気に トップになれるのか 知りたいじゃない
ぐっ
祖母の介護をしていた 母が言ってました
十分なお金があれば 施設に入れたり ヘルパーの回数を 増やしたりできた はずだったのに ……って
保険に入って いなかったばかりに 母が苦労する姿を 見てきたのは 大きかったですね

僕ね
思うんです
ああいう子が将来
僕や母みたいな後悔を
してほしくないなって
だから1人でも
多くの人に保険を
すすめたいんですよ
私と
一緒だ……
……でも
私は……
僕にだって
できてるんですから
羽野さんなら大丈夫ですよ
記憶術だって
始めてるんでしょ？
そうだけど…
私なんか……
入社前、
支店長がバーで
言ってました
「まだ成績は
おとなしいけど
うちには化ける
逸材がいる」
って

そっか……
そういう人と組んでいけばMDRTだってすぐだよ……
あたしには無縁だ…
……まったくニブすぎますね
支店長が化けると予言していたのは
羽野さんあなたです
ええっ!?
支店長がそんなことを…!?
僕、一緒にMDRT入りしたいと思ってますから
一緒に……？
羽野さん……
いや

……ヒナタさんと!
ドキッ
暗くなりましたね 近くまで送ります
私と……?
ドキ
ドキ
MDRTを……
一方 その頃
覚えてなさいよ ヒナタ～!
お… おもかった…
ぜぇ
はぁ
はぁ

営業部
第2回 記憶と論理
…講演会…ですか？
入口《いりぐち》 貴《たかし》さん…
これは…？
行けばわかるよ
本当は私と支店長代理が出席するはずだったんだが本社で急な会議があってな
記憶術やってる羽野くんならちょうどいいだろう
で私たちに行けと
そういうことだ
にんまり
入口貴 講演会 第2回 記憶と論
あ、ここですね ギリギリ間に合った！
本日は入口 貴講演会にお集まりいただきまして……

成績優秀のユキヤくんはともかく
なんで私なんだろ
すぐわかりますよ
それでは
さっそくご紹介しましょう
入口 貴先生です！
あ――――っ!!!

すみません
ペコ
ペコ
知ってたの？
ええ まあ
論理と記憶は実に密接に関係しあっています
理＝筋道
きゅっ
記憶を強固にするために論理は欠かせません
論理＝筋道
では、論理とはなんでしょう？論理とは筋道と言ってもいいでしょう
よく言いますよね 筋道を立てて話すとか 筋道を立てて考えるとか
うん
うん
筋道を立ててインプットすることで記憶も強化されます
すべての物事は論理的に理解することで苦労なく自然に覚えられるんです
論理＝筋道

S-5 控室
入口貴 様
コンコン
ガチャ
失礼します
おっ来てたのかい
はい勉強させていただきました
もう、おじさんがすごい人だったなんて！最初から言ってくれたらよかったのに
そりゃ失礼したね で、どうだった？記憶術は役に立ってるかい？
ははっ
もう、すっっっっごく！今日の論理の話も聞いたらなんでも覚えられそうな気がしてきました！
いいことだね
じゃあテストしよう
今日の講演の話なんでヒナタちゃんの頭の中にスッと入ってきたと思う？
そりゃ記憶術の達人である入口大先生のお話だし話し方もさすがのひと言でございますし
ヒナタさん悪代官みたいな雰囲気になってますよ
すり
すり

これが記憶とは関係ない「遺産相続」がテーマだったらどうかな?
…寝てたかも
では、「売り上げが上がる営業絶対奥義」というテーマなら?
すっごく真面目に聞く!
「現代数学理論の哲学的考察」なら?
会場にすら行ってなさそう
「素敵な男性に好かれる条件」がテーマなら?
耳の穴かっぽじってその上録音します!
講演って録音しちゃいけませんよ
普通は
わかるかい?人間は自分が好きなことや興味があることについては覚えることに苦しさを感じない
スポンジが水を吸収するようにどんどん覚えていける
逆に自分がわからないことや興味がないことはまったくもって覚えられない私だってそうなんだよ

大切なのは物事を自分とどう関係づけるかということ！
覚えるべきことを自分の興味や関心とつなげて考えることがとても重要だ
ジュテーム
キャーッ
覚える
ヒナタちゃんにとって記憶術は今とても興味のあることだし死活問題でもある
だから寝ることなくスッと理解できたし覚えられた……
もっとも大切なことは内容を自分で理解できてさらに自分なりの考えを持てるようになること
論理力が上がっていけばいくほど記憶はヒナタちゃんの血肉になっていくんだ
だったら論理力も磨いていかないといけないってことですか？どうやって？
ユキヤ、君ならどう説明する？
そうですね
ヒナタさんそういえばこないだバーゲンでたくさん服買ってましたよね
な、何よ？突然
いえいえ問い詰める気はありません

バーゲンは僕もよく行きますから
ではここで問題です
店員役：ユイ
服を買うときヒナタさんなら
次のAとBの説明どちらがグッときますか？
A
B
今年の流行なんですよ～
夏に着やすくてちょっと外に出るときにいいワンピースってないかなあと思ってて……
客役：ヒナタ
A
こちらのワンピースはレーヨン素材でして裾両脇にはスリットも入っていますしパンツとレイヤードしていて人気のスタイルなんです
ロングワンピースって一着は持っていたいですよね
B
こちらのワンピースはレーヨン素材ですからとても柔らかですし夏でもベタつかないんです
一枚で着れますからアンダーを気にしなくていいですしポケットつきですから使い勝手もよくてお客様におすすめですよ！

B
A
こっちのほうかな
同じ店員で同じ商品なのにどうしてBを選びました？
そりゃ……グッときたから
グッときた理由は？
私の要望にちゃんと応えてくれたからかな？
そこです
店員Aのユイさんは丸暗記した商品情報をそのまま伝えているだけと言える
丸暗記
A
ペラ
ペラ
B
でも店員Bのユイさんはこのワンピースの特徴をきちんと理解してヒナタさんの着たいワンピースがどんなものか彼女なりの考え方を持っておすすめしていますよね
どんな人にお勧めか
レーヨン素材が目的に合っているか
そうか、私の満足いくものを選べるように筋道立てて説明したってことね！

そう…
そうだね
どう説明すれば
わかりやすくなるかを
考えると
ただの丸暗記では
終わらない
説明を聞かされる
相手の立場に立って
商品情報を覚えることで
論理的な記憶を
実践できるんだ
いいところを…
ムスッ
私、お客さんに
説明するとき
覚えたことを
そのまま
アウトプットして
いただけだった
かも……
これから
やっていけばいい
論理力と言うと難しく
聞こえるかもしれないが
たった3つのルールを
知っておくだけで
身につけられるんだ
えっ!?
たった3つ!?
その3つとは
イコールの関係
対立関係
因果関係
なんだ
難しそうですね……
シンプルに
考えてごらん
たとえば、ここに
せんべいとクッキーと
ポテトチップスが
あるね
これらを総じて
なんと呼ぶ？
お菓子
ですよね？
ポテチ
せんべ
クッキー

そう
でも「お菓子」という名前の食べ物は存在しないよね
お菓子
せんべいやクッキーなどをまとめて言葉で整理しているものなんだ
つまり、言葉の上で具体的なモノと「お菓子」という抽象的な概念がイコールで結ばれる
一方「言葉のないもの」……
犬や猫は混沌とした世界そのままを見つめている
右も左もなければ善も悪もないすべての情報をいったん言葉に置き換えなければ対立関係もない
●動物の場合●
?
?
?
?
カオス!!
●人の場合●
電柱
ポスト
花
人間だけが言葉によって物事を整理しているんですね
その通りだよ
じゃあ因果関係というのは？
たとえばヒナタちゃんは今ダイエットしたいと思っている？
…思ってます……
説得力ないなあ

食べ過ぎた「だから」太った
太った「だから」見た目が悪い
見た目が悪い
「だから」男性にモテないと考えてしまう……
いや……たとえだから好きなだけお食べなさい
大事なのは「だから」の部分だね
どういうことですか？
これも人間だけが考えられる関係性でね
犬や猫はどれだけ食べても「だから」を使わないだから、自分が太ったということに気づかないだろう？
●人の場合●
太るから食べない
うぐううう……
人間は言葉があるので因果関係で考えられる
●動物の場合●
ぶにゃー
ムシャ
ムシャ
感覚的にしか捉えられない
つまり、イコールの関係対立関係、因果関係という言葉そのものの規則を使って物事を考えるのが論理なんだ
これ、私たちが普段、誰でもやっていることですよね
そう、無意識にやっていることだ
無意識ではなく**意識して言葉の規則性を使うこと**
それが論理立てて物事を見るということなんだ！

おっと
次へ
行かなくちゃ
あと一歩ってところかな
頑張ってね
はい！
なんだか
今日の入口先生の話を
聞いて自信が
出てきたな
3ヵ月後が
楽しみですね
3ヵ月後？
保険大学の
最終カリキュラムが
終わるじゃないですか
単位が取れたら
晴れてファイナンシャル
プランナー1級ですよ
あちゃー……
私が去年
単位取れなかった
やつだ……
今回は記憶術もあるし
成績も着実に上げている
じゃないですか
これを取れば顧客の
信用獲得にも
はずみがついて
MDRT入りにも
大きく近づけますよ

一緒に
MDRT
入りしたいと
思ってますから
ヒナタさんと
……
……ユキヤくん
あの……
あれって……
わっ……
おっと
カツン
ぽすっ

え……
ちょっ……
僕……
……いや
俺が…
そうしたいから……
え……!?

まだ待って……
まだそんなつもりは……
わかった……
でも待ってるから
私…気がつけばいつも彼のこと考えてる……
でも彼に成績で劣って悔しい自分
一方で自信がついてきた自分もいる
心の中がぐちゃぐちゃだよ……

論理がすべての基礎になる

私はずっと現代文と小論文の講師をしてきたので、受験生たちに「論理」の大切さを繰り返し強調してきました。その問題がどんな答えを求めているのかを理解するためにも、その答えを導くためにも論理は必要ですし、テキストを理解するにも論理は重要だからです。

それで、受験生たちに論理を身につける方法を指導し、大きな成果を上げてきました。中には、東大に受かるレベルまで一気に学力がついた生徒もかなりいました。

また、論理のことを考えれば考えるほど痛感したのが、記憶がいかに大切かということです。

論理は物事を理解したり、考えたり、伝えたりするために重要ですが、理解するにも考えるにも、知識がなければどうにもなりません。知識があるから論理も役に立つ。逆に論理があるから知識が生きる。つまり、**論理と知識は切り離せない車の両輪のような存在で、どちらか一方だけではダメだということなのです。**

学習というのは、まさに論理と記憶の繰り返しです。
わかりやすく図式にすれば、次のようになります。

理解（論理）→記憶→思考（論理）→記憶の血肉化（定着）→表現（論理）→記憶の強化

今でも、『〇〇によく出る英単語』といった本を最初から1ページずつ暗記しようと頑張っている人がいますが、これでは、論理を間に挟むことができません。また、1時間経つと覚え直すのに最初にかかった時間の半分以上の時間を必要とするという「エビングハウスの忘却曲線」からしても甚《はなは》だ効率的ではありません。

つまり、本人は1ページずつ積み重ねているつもりですが、反復をしていないと覚える端から忘れてしまいます。それにどこまで理解したかも確認できません。覚えた知識を使って論理的に考える作業がなければ、記憶は知識として定着しないのです。

「知識」を「自分の考え」にまで高める

前に、自分が興味を持ったこと、好きなことは苦もなくどんどん覚えられるという話をしました。マンガの中で主人公のヒナタちゃんも言っているように「現代数学理論の哲学的考察」の話だと右から左へ抜けていきますが、「素敵な男性に好かれる条件」なら、スポンジが水を吸収するようにどんどん覚えていけます。

また、こうして覚えた好きなことに関する知識は、その後も繰り返し思い出すことになりますから、自然に筋道だったものになり、論理的に磨かれ、自分の考えとして血肉化していきます。大事なのは、血肉化した知識というのは、論理的に展開できるの

で相手に対しても説得力を持つということです。

たとえば、あなたが家電量販店にスマホを買いに行ったとします。いろいろな製品があって、どういう違いがあるのか、見ただけではわかりません。それで、店員に聞くと、4つの製品のそれぞれの性能を順番に説明してくれました。さて、それで果たして「じゃあ、これを買おう！」と決められるでしょうか。

すでに持っている知識が豊富であれば別ですが、製品のスペックを聞いただけでは、結局わからないことが増えるだけで、結論には至りません。

でも、もし別の店員が「お客様はどういうふうにスマホを使われますか？」と質問してきて、その答えに対し、「それなら、こちらがいいと思います」とすすめられたら、買ってみようか、という気が起こるのではないでしょうか。

最初の店員は、実はそれぞれの製品のスペックをただ覚えただけです。次の店員は、それをきちんと理解して、お客の使い方に応じて、どの製品が合っているか、自分なりの判断、考えを持っていました。

ものを覚えるときに大事なのは、このレベル、つまり覚えるだけでなく、理解して、

自分の考えを持てるところまで到達するということです。それにはどうするか。そこで、重要になってくるのがきちんとしたメカニズムに基づく記憶術なのです。

他者を意識することが論理力の前提

ところで、会社の採用担当者が、面接のときに何を基準にして学生を選んでいるかというと、彼らがよく言うのは、「その人と一緒に仕事がしたいと思うかどうか」ということです。

学生は自分を売り込まなくてはと思うので、つい自分は成績がいいとか、こんな仕事がしたいとか、自己アピールに終始しがちです。でも、それは面接官が求めていることではなく、逆効果の場合が多いのです。自分のことを話すことがいけないというわけではありませんが、面接官の質問に対して、相手が何を聞きたいのかを考えて答えなければダメだということなのです。

では、面接官はどこを見ているかというと、その学生が相手の立場に立って考えられるかどうかです（これを**「他者意識」**と言います）。

一緒に仕事をしたい人というのは、この他者意識を備えている人のことなのです。他者意識があれば、聞かれてもいないのに、自分がどんなに優秀かアピールし続けたりはしません。こんな人とは、一緒に仕事をしたいなんて思わないでしょう。

この他者意識というのは論理力を身につける上でのキーワードなので、少し詳しく説明しましょう。

他者意識は、他人は私のことをわからない、私は他人に理解してもらえないという前提から起こります。

つまり、**他者はわかってくれない存在である、だからわかってもらおうとして、論理が必要になるのです。**

誰でも、友達ができたら、自分のことをわかってほしいと思って、いろいろと伝えようとするでしょう。ところが、そのときに相手のことも考えずに、自分の言いたいことを話し続けたのでは相手に伝わらないし、心に響きません。友達がどんなことを知りたいのか、相手の立場に立って考えて話すからこそ、相手も話を聞いてくれるし、わかってもらえるのです。

相手の立場になって考えるということは、相手のことを思いやるということにも通じます。こうして他者を意識することが論理の前提になるのです。

自分のことをわからない相手に、どうすれば自分のことを、自分の考えを伝えられるか。それには、相手にわかりやすい言葉で、筋道を立てて伝えることが必要になる。これが論理力にほかなりません。

他人の考えを理解し、自分の意見を理解してもらうための力、それが論理力です。

記憶を定着させるテクニック

論理力は一度身につけたら一生忘れません。語学だと使っていないと忘れてしまいますが、論理力が身につくと、知らないうちに日常的にそれを使うようになります。つまり、意識しなくても反復して普段から使っている。だから、論理力は忘れないし、錆びつかない。お箸の使い方や自転車の乗り方と同じようなものです。

論理力はいったん身につけてさえしまえば、生涯「武器」として使えるのです。

ところで、実社会で必要な知識の反復学習はどうしたらいいかというと、それは「使うこと」です。

たとえば、新しく覚えたＩＴの用語があったとしたら、すぐに意識的に使うようにすれば忘れません。

外国語を覚える場合も同じです。海外で生活するとその国の言葉を覚えるのが早いと言いますが、それは覚えなければ生活していけないという切羽詰まった状況ももちろんありますが、覚えたらすぐに使うから忘れないということなのです。

特に「おはよう」とか「ありがとう」「ごめんなさい」といった挨拶の言葉をすぐに覚えるのは、これらは日常的によく聞くし、使うからです。

ここで、覚えた知識を忘れないためのすぐに使えるテクニックをお教えしましょう。それは、**人に教えること**です。

まず、誰かに教えようと思ったら、そのことを自分がしっかりと理解していなければできません。しかも、それをわかっていない人に伝えるのですから、できるだけわかりやすく教えなければならない。内容を噛み砕いて説明しようと工夫する過程で自分の理解が深まるし、何度も考えることによって、それが反復学習となって記憶も定着します。このように、人に教えるということは記憶術として非常に理に適っているのです。

また、何か新しい知識を得たとしたら、それを自分の言葉で書き直してみることも忘れないためのテクニックとして覚えておいてください。

ノートに書いてもいいし、パソコンを使ってもいいですが、**大事なのは、自分の言葉で書くということです。**

もし仕事に必要な本を読んだときなら、参考になった文章や覚えておきたい内容を、自分の言葉で自分にわかりやすいように書き直すのです。もちろん、書いた内容が自分しか理解できないような文章ではダメで、ほかの誰かに質問されたら、そのノートを見れば、すぐに説明できるようでなければなりません。

具体的な方法は3章で詳しく紹介します。このノート術は、最初は時間がかかるかもしれませんが、続けていくうちにどんどん慣れてきます。すると、知識もどんどん増え、論理力が高まるにつれて、仕事面でも大きな成果につなげることができるようになるのです。

読解力を鍛えると論理力が向上する

論理力というのは、**「読む力」「聞く力」「考える力」「話す力」「書く力」**の5つがとても大切です。これから述べることは一見、記憶力を高めることと関係なさそうに思われるかもしれませんが、実は深く関係しています。

論理力を身につけて、育てていくには、この5つの力のうち、どれをまず意識すべきかというと、それは**「読む力」**です。

もちろん「考える力」は論理力にとって一番と言っていいぐらいに大切ですが、論理力のない人に論理的に考えなさいと言っても無理な話です。こういう人は、まず「読む力」を意識して、鍛えるといいのです。**読むことで論理力を身につけていけば、それが基礎となって、考えることも話すこともできるようになっていくからです。**

読むだけなら誰にでもできます。ここを入り口にするのです。論理力を身につけると言うと、すごく難しいと思って尻込みしてしまう人もいますが、少しも難しいことではありません。

論理力というのは、わかりやすく言うと、一定の規則に従った言葉の使い方と言えます。だから、論理を意識しながら文章を読んでいけば、論理力は自然に身についていく。それが一番の近道だと私は思います。

読む力を身につけるために、一番役に立つのが新聞です。特に、最初のテキストに最適なのが、「コラム欄」。朝日新聞なら「天声人語」、読売新聞は「編集手帳」、毎日新聞は「余録」、日本経済新聞は「春秋」です。短い文章だから簡潔に書かれているし、論理的にもしっかりしている。読む力を身につけるための最高の教材になってくれます。

コラム欄に慣れてきたら、次は「社説」がおすすめです。その新聞社の考えを、読者に知らせてわかってもらうためのものだから、難しい専門用語は使っていないし、文章自体もそれほど長くなく、簡潔でしかも構成がしっかりしています。この2つを毎日読んでいけば、読む力が強化され、それにつれて論理力がどんどん身についていくはずです。

書籍なら「新書」（一般的に「教養新書」と呼ばれているもの）が、ワンランク上の読解力テキストに向いています。少し硬めで、しっかりと論理的に書かれたものがおすすめです。

こうして読む力が鍛えられ、論理力が向上すれば、記憶力も高まっていきます。すでにお話ししたように、両者は車の両輪だからです。

論理的な文章の基本法則とは

新聞や本を読むときに気をつけてほしいことがあります。それは、論理的な文章の基本と言ってもいい次の３つの法則です。

①イコールの関係
②対立関係
③理由づけ・因果関係

この３つがわかっていれば、論理的な文章を理解することができるし、これらを使うことで、論理的に考えることもできる。つまり、記憶力にも大きく関わってくるのです。

では、3つの法則を順番に説明していくことにしましょう。

まずは①の「イコールの関係」ですが、これはいろいろな文章に出てくるので、これがわかれば、文章がすごくわかりやすくなります。

ひと言で言えば、自分の意見を述べておいて、次に、ほかの人も同じようなことを言っていた、といった書き方をした文章、これが「イコールの関係」です。

◎「イコールの関係」の文章の流れ

A（自分の主張）＝A´（具体例・エピソード・引用）

次の「対立関係」は、わかりやすく言えば、あることと反対のことを言っているという関係です。

これもよく使われています。たとえば、新商品のCMで、これまでの商品とどこが違うか、どんなに優れているかを強調するような場合。こういう方法を「差別化」と言いますが、これも対立関係の1つです。

◎「対立関係」の文章の流れ
A（自分の主張・結論）⇕B（自分の主張と対立する主張）

「対立関係」にあるものを出すことで、自分の意見や考えがより明確になります。

次に3つめの「理由づけ・因果関係」です。

文章を書いたり、話をするときに、自分の意見や考えを主張したら、その証拠を挙げなければなりません。具体例として、過去の同じような事例やアンケートやランキングのような数字を挙げれば「イコールの関係」、比較対照する事例などを挙げるなら「対立関係」になります。

その場合、論理的な文章であれば、その証拠からなぜ自分の主張が導き出されるか、正しいと言えるのかを証明する必要があります。これが「理由づけ」と「因果関係」です。

なんだか難しそうに思われるかもしれませんが、文章の構成、つまり、文と文、段落と段落のつながりがわかれば、どれが主張か、具体例か、理由か、がはっきりと見えてきます。

「理由づけ」の文章は、まず筆者の主張があり、具体例を挙げて、なぜならばと理由を述べるという構成になっています。

◎「理由づけ」の文章の流れ

A（自分の主張・結論）←〈なぜなら〉B（理由・具体例）

もう1つの「因果関係」ですが、「理由づけ」はまず主張があって、具体例を挙げて理由を述べるのに対し、「因果関係」は、最初に原因となる主張を挙げておいて、それを前提に「だから〜だ」と結論を持ってくる。つまり、筆者の主張Aがくれば、最後までAを繰り返すのか、「AだからB」と、Aを前提に結論Bを持ち出すのかを考えればいいわけです。

◎「因果関係」の文章の流れ
A（原因）→〈だから〉B（自分の主張・結論）

それからもう1つ、この論理の法則を読み取ったり、文章を速く読むのに役立つのが、「そして」「しかし」「だから」といった接続語に注目するということです。それを見れば、あとの展開がどうなるか、予想できます。

次の2つの文章を読んでみてください。

・私は昨日熱があった。だから、学校を休んだ。
・私は昨日熱があった。しかし、学校に行った。

この2つの文章は、最初の一文はどちらも同じです。しかし、結果として言っていることは逆になっている。「熱があった」というのは一緒なのに、「学校を休んだ」と「学校に行った」と、行動は正反対です。

ところで、この2つの文章は、最後まで読まなければ、結果はわからないかと言うとそうではありません。接続語を見れば、前の文に対して、次にどういう文章がくるのか予想できるからです。

最初の文章は「だから」という順接の接続語。ということは、そのあとには、最初の文に対して肯定的な文がこなければおかしい。それに対して、2つめの文章は「しかし」という逆説の接続語だから、次には対立的、否定的な文章がきます。

つまり、文章の先が予想できるのです。文章を読むときには、それをさらに進めて論理を意識し、接続語に注意しながら論理構成を読み取り、先を予想する読み方をすればいいのです。

先を予想できれば読むのが速くなるし、予想しながら読むわけですから、理解も深まります。しかも、展開を予想し、接続語に注意するということは、文章同士や段落同士のつながりを意識しているということですから、論理力のトレーニングにもなって、論理力もどんどん身についていくのです。

こうして論理力が身につけば、理解力が高まって本も速く読めるし、他の人の話の要点もすぐわかるようになります。論理力がなかったときよりも、いろいろなことを覚えるのに、時間も労力も必要なくなるというわけなのです。

２章のまとめ

・物事を論理的に理解できると、自然に重要なことが記憶されていく

・論理力が向上すると、さらに理解度が深まるので、ますます記憶が定着する

・相手の立場に立って考えられる「他者意識」が、論理力の前提になる

・論理力の基本は読解力。論理的な文章の法則「イコールの関係」「対立関係」「理由づけ・因果関係」を知ろう

3章

頭がよくなる！出口式記憶術

Story 3
ヒナタの快進撃！
そして…
待ってるから
お風呂空いたよ
あ うん
もう遅いんだからさっさと入りなさい
あ、それ おばあちゃんの日記じゃない！あんたが持ってたの？
お母さん覚えてる？
おばあちゃんのところによく保険外交員の男の人が通ってたじゃない？
いたわね それがどうしたの？
どんな顔の人だったっけ？
そんなこと知ってどうすんのよ
じゃ 私は寝るからね
へいへい おやすみ
バタン
日記

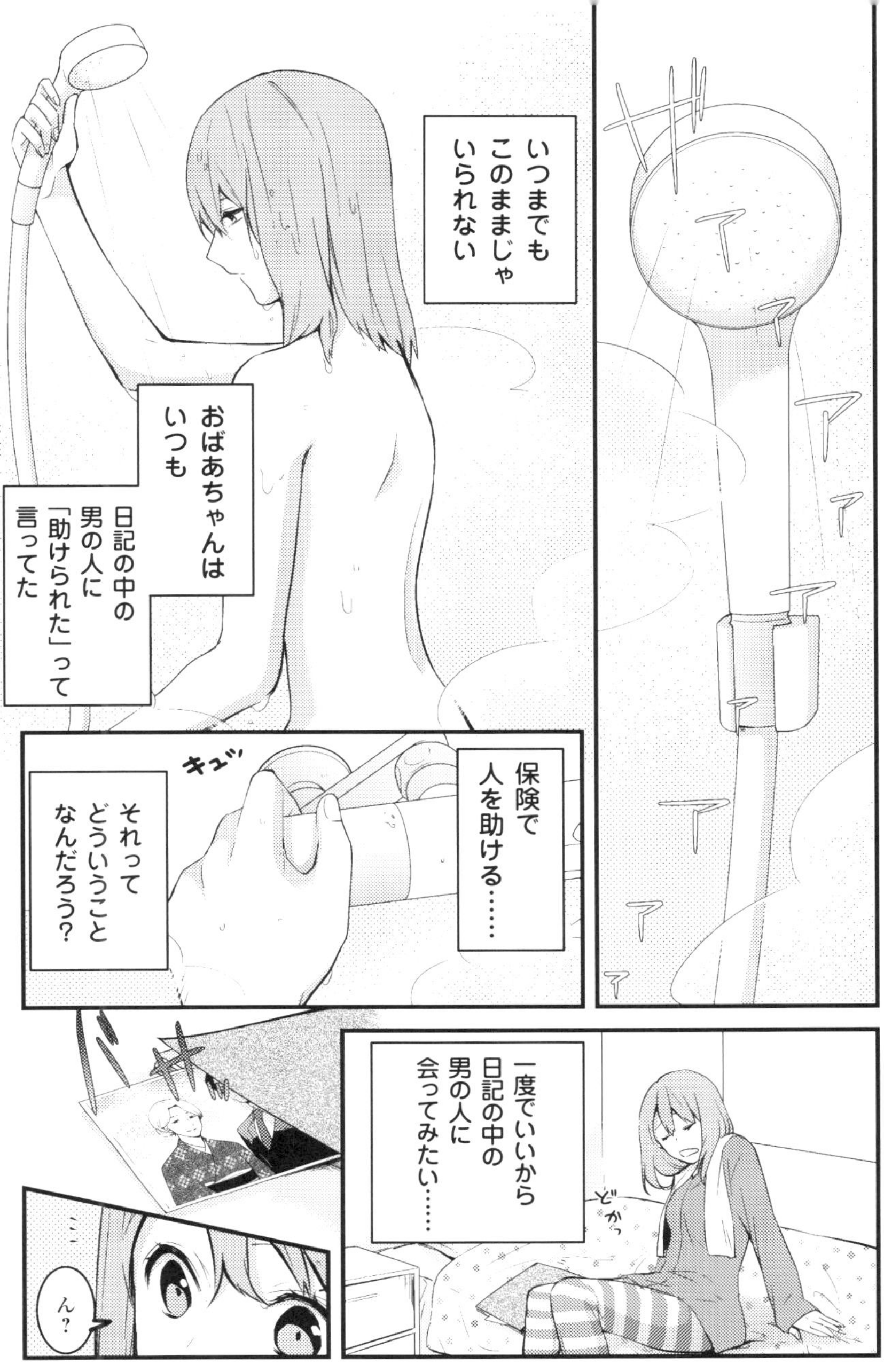
ザァァァ
いつまでもこのままじゃいられない
おばあちゃんはいつも
日記の中の男の人に「助けられた」って言ってた
保険で人を助ける……
キュッ
それってどういうことなんだろう?
一度でいいから日記の中の男の人に会ってみたい……
どかっ
ん?

あ――――――っ!!
うるさいわねっ!
こ……この人って…
石橋支店長!?

行ってきます!
気をつけてな
ペコ
支店長はもしかしてすべてわかってたのかな
私が支店長と会えたのもおばあちゃんが導いてくれたからかも
そしてユキヤくんや入口さんとの出会いも……
だったら私は……

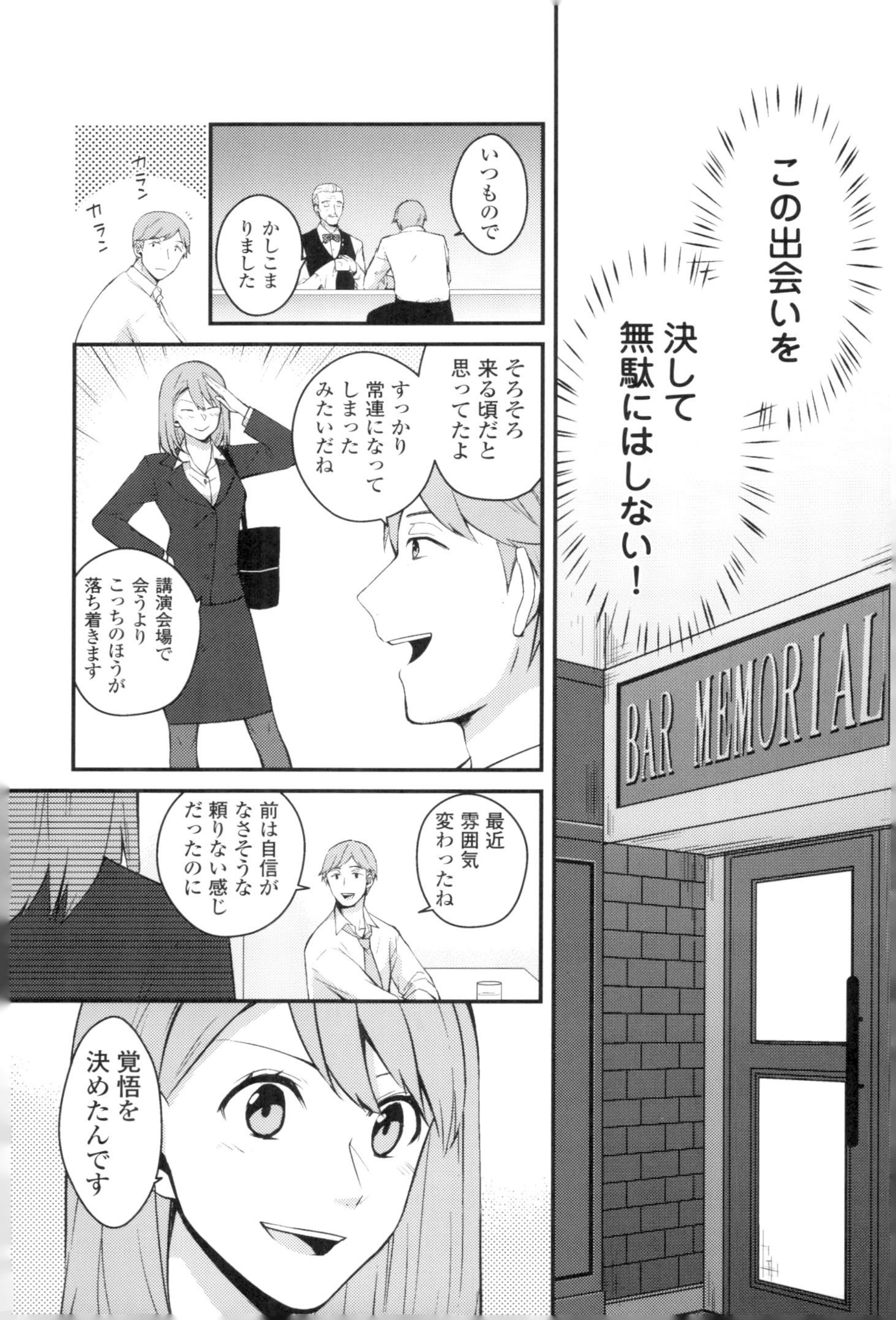
この出会いを
決して
無駄にはしない！
BAR MEMORIAL
カラン
カラン
いつもので
かしこまりました
そろそろ来る頃だと思ってたよ
すっかり常連になってしまったみたいだね
講演会場で会うよりこっちのほうが落ち着きます
最近雰囲気変わったね
前は自信がなさそうな頼りない感じだったのに
覚悟を決めたんです

私は一流のファイナンシャルプランナーになりたい！
そのためにも記憶術を手がかりにしてもっと実力を高めたいんです！
そうすれば私なりにお客様を幸せにする道筋は見えてくるはずだって！
ほう…
あのお嬢ちゃんがこの短期間でここまで変わるとは…
もうすぐ保険大学というのがあって
そこが私の仕事にとって1つのターニングポイントになるんです！
だから総仕上げのテクニックを教えてください！
はっはっはっ
わかった！できるだけのことをしよう！

カラン
前回
論理と記憶には
密接な関係が
あると話したね
はい
まとめると
論理的に物事を
覚えることで
記憶にも
定着しやすい
……ですよね
ちゃんと
"記憶"
できているね
その通りだよ
論理的に
記憶できれば
むやみやたらに
記憶するより
100倍の効果が
得られることが
わかっている
100倍！
すごい！
そう…
記憶術の奥義は
「記憶しないこと」
と心得よ！
かっ
喝!!
でも
記憶する
ための
術なのに
記憶しない
ことが
奥義だなんて
矛盾して
ませんか？
い……
入口さんに
変なスイッチが!?
変な
スイッチが!?

プいっ
それが案外そうでもない
ヒナタちゃん旅行は好きかい？
大好きです！
毎日でも行きたい！
…それはもはや旅行じゃないが…まあいい
そのときに行き先の名所や有名なお店
別に覚えようとしていないのに勝手にいろんなことが頭に入っているってないかな？
そうか！興味があることは自然に頭に入る！
あちこち行きたいところがあるとき時間を無駄にしないためにどういうルートや行き方をすればいいか整理しながら考えるだろう？
ここならあれが近い
時間
しかしあそこも行きたい
ホテルに一度インするべきか？
ルート
効率
ええまさしく論理的に考えますね…！
すると覚えようとしなくても覚えているんだよ！
あとは記憶を忘れないように定着させるだけなんだ

このときにまたコツがある
たとえば旅行で言うと
あちこちの旅行雑誌を見比べるより
できれば一冊のほうがいいんだ
じゃ〜なる
○
△
記憶するという意味ではね
私いろんな雑誌を買いまくってました
よく受験生が大量の参考書を買って片っ端からこなそうとするだろう？
ドーーン
でも、たいがい全部こなしきれない
私は参考書を買いに行ったつもりなのに気がつくとマンガを買ったりしてました
それは現実逃避と言うんだ
大事なのは
1つのバイブルを徹底的に繰り返すことなんだ
参考書
ぴか〜っ!!
なるほど！そうするとお財布にも優しい！
そこじゃない！

記憶を定着させるためだ！

たとえば今度の保険大学で税務というカテゴリがあるならば今あるテキストだけを集中してやること
はいっ！

少なくとも5回は反復すること！

はいっ！

それが記憶術の秘伝だ！

あの……さっき「奥義」って言ってましたよね
コホン
お、奥義と秘伝は違うものだ……

まぁ、いいけど…

つまり……

反復することが秘伝？

そう！
まず理解する
次に記憶する
そして反復する
このワンセットが記憶力アップのコツだね
それと同様にワンセットというものを強く意識して
ものを覚えるように学習のスタンスを変えるんだ
学習のスタンス？
何かの講演に行くなら
まず予習して講演を聴いてそれから帰って復習する
そんな具合だね
予習 ⇐ きく ⇐ 復習
参考書
あ！それって学生の頃に頭のいい人たちが当たり前のようにやっていたこと？
A君
その通り！実はこれほど理にかなったことはないんだ
だからあの人たちは成績がよかったのか！

もっともポイントとなるのは
こうしたことを**意識して実践できているか**どうかだけどね
なるほど
どうしてこの学習が必要なのか
さっきの旅行雑誌を思い出してほしい
それを理解して取り組むと論理で物事を考えられる
まず、どこそこへ旅行に行くという目的を立てるよね
京都!!
料亭!
おみやげ
パラ
パラ
一冊の雑誌を徹底的に読み込んで周辺情報などの知識を取り入れる
トラベル京都
旅館は?
すると次は?
自分なりの旅行プランを考えます!
そう!プランの整理
そこでたとえば予定を紙に書き出すとしよう
新幹線
8:00
京都駅着
10:30
バス
MAP
何時から何時まではここ この地点からこの地点まではどういう道順で…
要するに細かい計画だね

計画とかあまり具体的に立てたことがないんですけど……
それでも頭の中で計画は整理されているはずなんだ
書き出すという行動はそれを強化するものだと思えばいい
いきあたり…
ほっ
ちょっと安心しました
そしてそれを見返すうちに
旅行に行くときはその予定表を持たなくても
ここはあれで!!
記憶の中に予定表だったり観光スポットの情報がまとめられているというわけだ
次はあそこ
12:00お昼
じゃあ書き出さなくてもいいんですか?
?
記憶術という視点で言えばぜひ書いてほしい
書くということは記憶したいことを整理、保存、管理すること以上に……
血肉にするということにつながるんだ

もしかして
これが秘伝
……!
さよう…
これこそが
記憶術秘伝
「三位一体学習法」
なり!
はっ
結局
奥義か秘伝
どっちなんですか!
そして口調まで
変わってきてますよ
もしかして
時代劇ものとか
大好き
でしょ
ち、違う
これは…
プルルルル
「バー・メモリアル」
でございます
おや
あっ!
ほーら
こんな
ところに
グッズが
はい
いらっしゃって
ますよ
かしこまりました
お待ちして
おります
見ていますか
羽野さん……
ピ

あのとき自信を失いかけていた僕を
あなたが頼ってくれたから僕は外交員として立ち直れました
今度はあの子が自信を持つ番です
あの子は必ず大きく羽ばたきます
大勢の人たちに日向《ひなた》の道を示してあげられる……そんな外交員に育てます
恩送り……ってガラでもないですけどね

ぴとっ
うわっ
すっぽん赤マムシ
ちゃんと寝てるの？仕事も保険大学の勉強も頑張りすぎてない？
ヒナタさん
全部ヒナタさんが配ったんですか？
まあね
すっぽん赤マムシって…
疲れているのはみんな同じだからね
一緒に頑張ろうってことで
あ……ありがとう…ございます
あ～もしかして好きな男子にバレンタインチョコ渡したくてクラス全員に配る系のパターン？
ほっほっ
んもう、おませさん…！

ちちち違うっ!!そういう意味じゃ…
どた どた
ぷはっ
ヒナタちゃんは大きくなったら何になるのかな?
うーんとね……おばあちゃん!
おやその前になりたいものはないのかい?
長生きすればいつかはおばあちゃんになるんだよ
だっておばあちゃんヒナタにいっぱいお話ししてくれるもん
だからヒナタおばあちゃんのおばあちゃんになりたい
そうかいそうかい

ヒナタちゃんは優しいんだね
さーて今日もみんなで頑張ろうねっ！
ヒナタちゃんはきっとまわりの人たちに優しくて
大勢の人に愛される子になるよ

──1年後……
EAT
DRINK
SHOP
ついに来たね
やっと
ここまで来た

Excuse me！
わわっ
よくよく考えたら
私英語
わかんないよ……
やるじゃん
その調子で私を
サポートしなさい
ヒナタって
ほんと
調子いいな……
何よ！
自分の彼女が
困ってるときに
頼りにならない男に
用はないわよ
わかった
わかった
あれから1年
私はこの場所にいる
ライバルから
恋人に昇格した
ユキヤと
昇格って……
MDRT

MDR
ヒナタ
そろそろだよ
成績優秀者の
発表
The next guest is...
うん
わかってる
Ms. Hano and Mr. Kamijo, from Japan
とうとう
ここまで
やって来れた
カチン
コチン
えっと
英語が
しゃべれないので
日本語で
わははは
私が保険外交員に
なったのは
子どもの頃に
支店長が……
相変わらず
だなあ
くすっ

私が思い描いていた
夢を実現するために
いろんな人が
支えてくれた
論理
苦手だったことを
克服するために
いろんな人が力を
貸してくれた
今度は
私が誰かを
幸せにする番だ

100倍速くなる「三位一体学習法」

ここからは、これまで話してきた記憶術と論理力を活用して、より効率的に学習して、大きな成果を得るための方法について説明することにしましょう。

「一を聞いて十を知る」という言葉がありますが、これまで話してきた記憶術は、従来の「詰め込み式」と比べると、まさにこの言葉通り、10倍速くらいの記憶術だといえます。この記憶術と論理力を組み合わせれば、10の2乗、100倍の効果が得られるようになるでしょう。

論理的に物事を理解して、その上で必要なものを記憶する、その記憶したものを使って論理的に考える、このサイクルができあがると、論理力と記憶力が相乗効果を上げるようになります。

ただ覚えるだけという勉強法は、効率がよくありません。論理力と記憶術をフル活用してこそ、100倍の効率が可能になるのです。1日の時間は決まっていて、しかも1章で述べたように記憶の定着には眠ることも大切です。となれば、効率のいい記憶術を知っている人の勝ちなのです。

学校の教科書のほかに何冊も参考書を買って、勉強しようとする受験生がいますが、私はこうしたやり方には反対です。

なぜかというと、限られた時間の中では、そんなに何冊ものテキストや参考書をしっかりと読み込み、記憶として定着させることなどできません。結局、どれも中途半端に終わってしまうケースが多いのです。

私は受験生には「学校の教科書でも予備校のテキストでも自分で選んだ参考書でもいいから、一冊をバイブルにして、徹底的に繰り返し読み込め」と言っています。

そして、前にも述べたように、その一冊を4回も5回も読み返すのです。

考えてもみてください。何冊もの参考書をそれだけ読み返す時間などあるでしょうか。やろうとすれば、どんどん睡眠時間を削ることになりますが、それでは記憶の定着効率が悪くなることはすでにおわかりでしょう。

そして、もう1つ大切なことは、バイブルである一冊を複合的に活用するということです。それは、次のような方法です。

理解→記憶→実践

つまり、テキストを理解しながら何度も読む→読んで覚えた知識を反復して高い記憶のレベル、リコールに留める→最後に覚えたことを実践練習しながら再び反復を繰り返し、知識を血肉化する——。

この**理解、記憶、実践**という3つの要素をしっかりやって相乗効果が生まれれば、本当にものすごく効率的に記憶力が高まります。

私はこれを**「三位一体学習法」**と呼んでいます。

ビジネススキルの獲得も論理力で

さて、ビジネススキルは、大きく2つに分けられます。

1つは資料の読み方、企画書や報告書の書き方などアウトプットするためのスキ

「理解・記憶・実践」の三位一体学習法

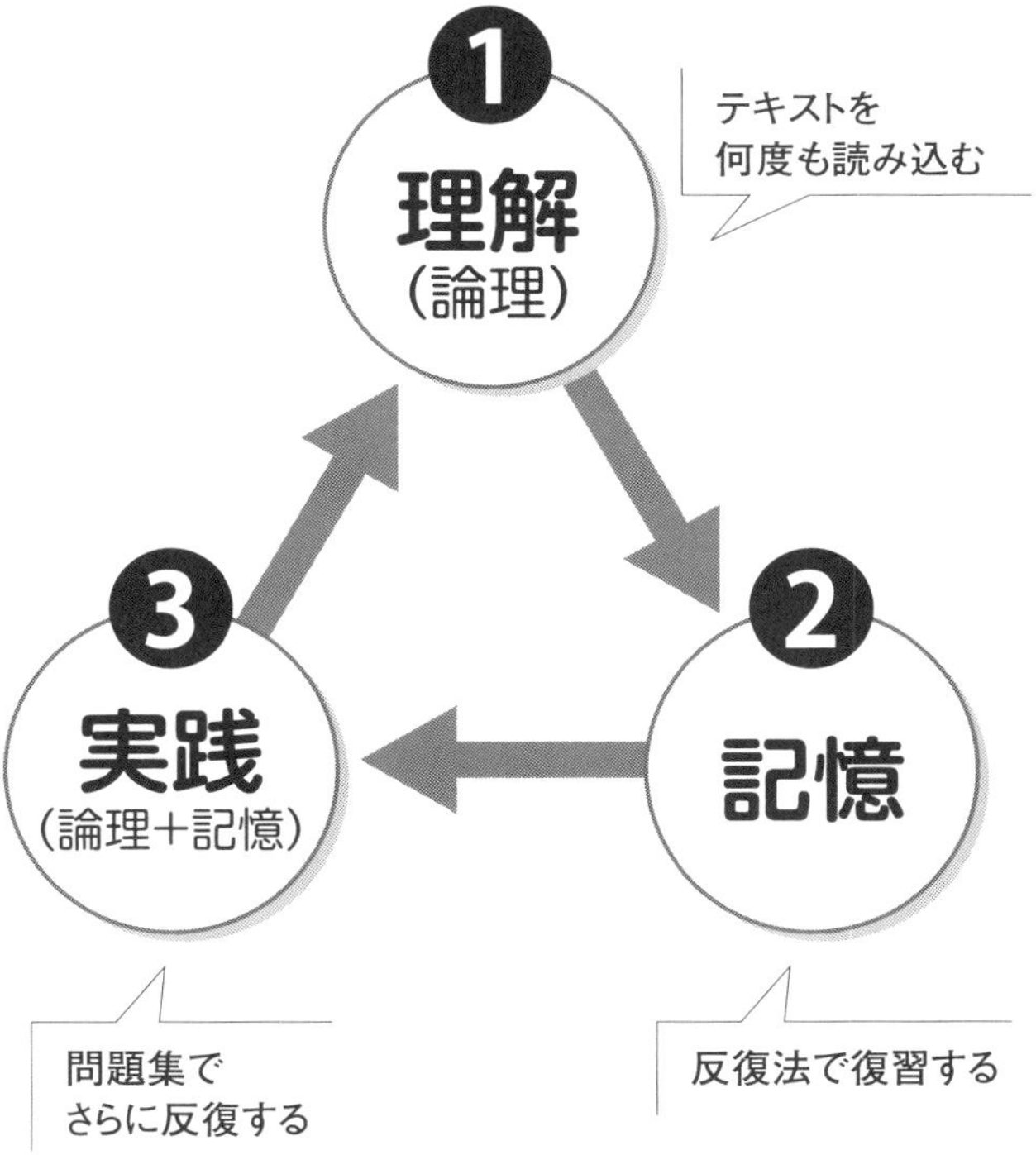

ル、もう1つは専門知識とか一般的な知識、教養などといったものをインプットしていくものです。
このどちらにも大切なのは、やはり論理力ということになります。

なぜなら、まず、資料や専門書を読んだり、企画書などの文章を書くには、論理力が必要だからです。

ビジネス文書で悩んでいる人は、論理力がしっかり身についていないケースがよく見られます。

特に企画書などの資料は、論理的に簡潔に書かれていなければ自分の考えが正確に伝わらないし、説得力がありません。ですから、論理力がなければいい企画書は書けないわけです。

次に2つめの、専門知識とか一般的な知識や教養に関しては、先ほどの「三位一体学習法」が有効です。

マンガの主人公のヒナタちゃんは、一流のファイナンシャルプランナーになりたい、という夢を語っていますが、そのためには金融、不動産、住宅ローン、税制、保険、年金、相続など、幅広いジャンルの様々な知識を習得しなくてはなりません。このように、ビジネススキルを獲得するには、基本的なことから専門的なことに至るまで、記憶しなければいけないことがたくさんあります。それには、記憶術と論理力をフル活用して、とにかく効率的に身につけることを第一に考える必要があります。

知識を身につけるという点では、仕事のスキル獲得も試験に向けた勉強も同じです。「理解して、記憶して、実践する」という「三位一体学習法」がもっとも理に適っていて、効果があるのです。

100倍覚えられるノート活用法

これまで紹介してきたどの方法にも応用できるのが、ノートです。これを活用すれば、より効率的に成果を上げられます。ものを覚えたり、知識を増やすには、理解して整理することが大切だと繰り返しお話ししてきましたが、そのときに自分のノートをつくることがすごく役に立ちます。

ノートを使うメリットは次の3つです。

①物事を整理し、体系づけることができる
②記憶したいことを保存、管理できる
③それらを活用し、血肉化できる

この3つのポイントをフルに活用してノートを使えれば、記憶のレベルを格段に向上させることができます。

最近の受験生を見ていてもわかりますが、ノートの活用法を知らない人がすごく多いのです。

ただ漫然とノートをつくっていたのでは、①のメリットを活用できないし、何が重要かを考えずになんでもかんでも書き込んでいたら、②が活用できません。

また、ノートを書いたらそれで終わりという人は、③が活用できていないことになります。ノートはつくるのも大事ですが、それをいかに活用するかがもっとも大事だと言っていいのです。

ですから、ノートはどんどん使い込んで、汚していくことに意義があります。大切なことや覚えなくてはならないことをノートに書き込んだら、次の段階として、きちんと覚えたものや、不必要だと思ったものは、線を引くなどしてどんどん消していくことです。そのときに知識を整理できるし、反復学習にもなるからです。

こうしてノートはボロボロになるまで使いこなすべきです。

もし、使えないくらいボロボロになったら新しいノートを買ってつくり直せばいいのです。そのときに、もう覚える必要のないものは省いていき、新たに必要だと感じたものをまた書き足します。つまり、ノートの内容が新しくなると同時に、レベルも上がっていくわけです。

私が受験生などにすすめているのは、左ページに記憶するべき事項を整理して書いていき、右ページは空けておくというやり方です。右ページはそのあとの学習で必要になったことを書き足すためのスペースです。

加えて、左ページに書いたことに関連して覚えたほうがいいことなどを、どんどん書いていく。このようなノートの使い方をすれば、前に説明した「雪ダルマ式」に知識が増えていきます。

左ページに書くのは、雪ダルマの最初につくる小さな核になる玉で、右ページに何か書かれていくたびに、雪ダルマが大きくなるというわけです。

最近はパソコンやタブレットを使う人が多いですが、紙に書くという作業のメリットは本当に侮れないものがあります。

論理的に書いたり、話したりする力を養う上でも、ノートの活用はとても有効です。新聞の社説でも、読んだ本の一部でもいいから、自分の頭の中で組み立て、ノートに簡潔に要約していく。この作業は、論理力を鍛える上で、とてもいいトレーニングになります。

知っていると知らないでは大違い、といった言い方をしますが、これまで紹介してきた記憶術は、まさにその最たるものと言っていいでしょう。しかも、それを漠然と、なんとなく使うのではなく、しっかりと理解し、意識的に使うことができれば、その差はさらに歴然としてきます。

膨大な情報が行き交う現代社会において、記憶すべきことも膨大かつ多岐にわたります。本書を参考に、効率的な記憶術を身につけて、情報の海を楽しく泳ぎ渡っていただきたいものです。

100倍覚えられるノートのつくりかた

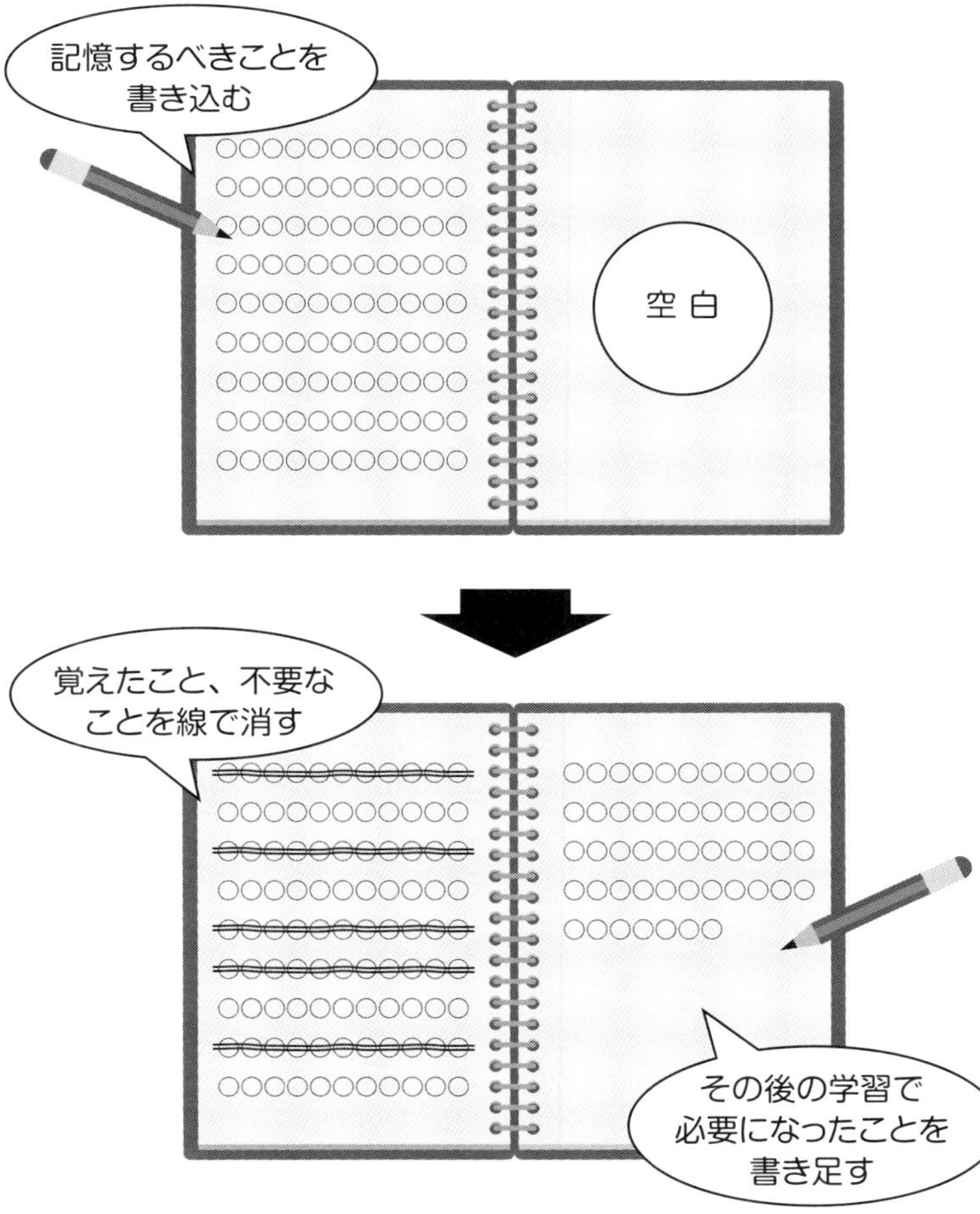

３章のまとめ

・論理力と記憶術をフル活用すれば、学習効果は100倍に加速する

・学習用のテキスト・参考書は、あれこれに手を出さず１冊をバイブルにして、４回でも５回でも読み込め！

・「理解→記憶→実践」は学習法の鉄則。練習問題で「実践」することで反復が行われ記憶レベルがアップする

・ノートは、それに書くことで記憶したいことを整理、保存、管理し、血肉化できる最高の記憶ツール

おわりに

時計の針が狂ってしまったのでしょうか。

少し前までは百年の変化が十年で起こるように感じていましたが、今やそれが1年で起こるような気がして、めまいを感じざるを得なくなりました。それなのに、勉強の仕方だけはいっこうに変わらないのはなぜでしょうか。


いまだに子どもたちは多くの知識を詰め込み、いかに早く正確に計算できるのかに懸命になっています。それは大人も決して例外ではなく、子どもの頃、あるいは受験時代の古めかしい勉強法をいまだにし続けています。


ＡＩ時代の到来で、十年後には今の職業のかなりのものがなくなると言われています。コンピュータが肩代わりできるものは、もう人間の仕事ではなくなるわけです。

そのコンピュータが得意なものは「記憶」と「計算」です。どれほどの天才であっても、この2つに関してはコンピュータに勝ち目はありません。

実際、細かい知識など、記憶しなくても、スマートフォンで検索すればおしまいです。

では、私たちはもはや「記憶」する必要はないのでしょうか？

確かに細かい知識や情報は記憶しなくても、必要なときに検索すればいいかもしれません。実に便利な世の中になったものです。

でも、本当に必要な知識は血肉化させる必要があります。いつでも取り出せるように、本書で紹介したリコール、あるいはオートマティックのレベルまで記憶しなければなりません。

そのためには最新脳科学に基づいた「記憶術」と強靭な「論理力」が不可欠です。世の中が新しくなったように、「記憶術」も勉強法も進歩したものであるべきです。本書がその一助となることを切に願っています。

最後にひと言。

勉強とは生涯し続けるものです。そのためには勉強の楽しさを知らなければなりません。もし、勉強が苦痛ならば、生涯し続けることなど不可能だからです。

細かい知識や詰め込みなどは、苦痛以外の何物でもありません。

理解し、記憶し、それを使って考える、こういったサイクルを手に入れたとき、初めて学ぶことの楽しさを実感できるでしょう。

本書は、２０１３年２月に発行された『出口 汪の「すごい！」記憶術』（小社刊）を元にマンガ化したものです。

■著者紹介

出口 汪（でぐち・ひろし）

関西学院大学大学院文学研究科博士課程単位修得後退学。

広島女学院大学客員教授、論理文章能力検定評議員、出版社「水王舎」の代表取締役でもある。多数の受験参考書がベストセラーとなり、入試現代文の講師として圧倒的な支持を得ている。

「すべての土台は言語である」と考え、「論理力」育成の画期的なプログラム『論理エンジン』を開発。多数の学校が正式採用している。現在も『論理エンジン』の普及と日本の教育の改革を目指し、全国で講演をしている。論理で世直しに挑む現代文のカリスマ。

主な著書に『大人のための役に立つ小学生漢字』『システム中学国語』『出口の好きになる現代文』『システム現代文』シリーズ（水王舎）、『出口汪の日本語論理トレーニング』（小学館）、『源氏物語が面白いほどわかる本』（中経出版）、『出口汪の論理的に考える技術』シリーズ（SBクリエイティブ）、『「論理力」短期集中講座』（フォレスト出版）、『日本語の練習問題』（サンマーク出版）、『東大現代文で思考力を鍛える』『センター現代文で分析力を鍛える』（大和書房）、『マンガでやさしくわかる論理思考』（日本能率協会マネジメントセンター）、『出口汪の論理力トレーニング』（PHP文庫）、『出口汪の「日本の名作」が面白いほどわかる』（講談社＋α文庫）、『出口汪の使える論理力』（フォレスト新書）、『やり直し高校国語・教科書で論理力・読解力を鍛える』（ちくま新書）など、著作売り上げは1000万部を超える。「頭が良くなる無料メルマガ」を発行。

出口汪のマンガでわかるすごい！ 記憶術
本当に頭がよくなる一生モノの勉強法

2017年2月24日　初版第1刷発行
2018年9月25日　初版第3刷発行

著者	出口 汪
発行者	小川 淳
発行所	SBクリエイティブ株式会社 〒106-0032 東京都港区六本木2-4-5 電話　03-5549-1201（営業部）
印刷・製本	中央精版印刷株式会社
マンガ制作	株式会社トレンド・プロ
作画	ひなた水色
イラストレーション	ソウ
シナリオ制作	新田哲嗣（取材協力：及川 潤）
編集協力	江渕眞人
装丁デザイン	河南祐介（FANTAGRAPH）
本文デザイン	二ノ宮 匡（ニクスインク）
図版	諫山圭子（いさ事務所）
本文組版	アーティザンカンパニー株式会社
校正	聚珍社
編集担当	木村 文、小倉 碧

ISBN978-4-7973-8836-7